「ハイテク」な歴史建築

志村史夫
Shimura Fumio

ベスト新書
531

まえがき

本書は、私が実際に訪ね歩いた、日本を代表する木造建築物の歴史と魅力、そして、それらの建造物に秘められた〝匠《たくみ》の技《わざ》〟を紹介するものですが、はじめに申し上げておきたいことがあります。それは、私は現代文明の支柱の一つである〝ハイテク〟、具体的にはＩＴにつながる分野の先端的研究にたずさわった者でして、建築家でも歴史家でもないことです。

しかし、我田引水と思われるかもしれませんが、歴史的建造物や遺産を見る時、長年、科学・技術、しかも〝ハイテク〟ともてはやされるような分野の仕事に従事してきた者だからこそ、見え、感じ、感心し、驚き、そして〝ハイテク〟など持たなかった古代の職人に対しての畏敬の念を抱くことがあります。はっきりいわせていただければ、考古学者、文献主義の歴史学者、あるいは建築の専門家は決して気づかないようなことに、ハイテク分野の私だからこそ気づき、純粋に感動することは少なくないのです。その反対に、彼らなら簡単に気づくようなことに私が気づかず、また彼らには常識であるようなことを私が知らないために〝素朴な疑問〟につながっていることも多々あるでしょう。

私が現代の一流の職人さんたちと親しくお付き合いでき、本書の中に彼らの〝生の声〟をちりばめることができたのも、私がこのような私だったからなのかもしれません。ですから、そんな私が書いた「日本の歴史的建造物の本」にも、多少の意義があるだろう、と思う次第です。

歴史探訪を趣味の一つとする私は、いままでに国内外の数多くの〝巨大〟歴史的建造物、古代遺跡を訪ね歩きました。私は、そのつど、コンピューターはもとより大型クレーン、鉄骨などの土木・建築機材が存在しなかった古代の技術に驚嘆したのです。私の単純な驚きは「大型クレーンなしで、どうして、あのように大きな建造物を建てることができるのだ！」ということです。

古代世界の建造物が私に与えるのは巨石の圧倒的な重量感であり、それは時に圧迫感にも通じます。

日本にも、東大寺大仏殿に代表される巨大な建造物がありますが、私が日本の歴史的建造物に感動させられるのは、そのような木造でありながらの巨大さだけではなく、例えば室生寺や瑠璃光寺の五重塔に代表される優美さでもあります。その優美さを生むのは古代日本の匠の独特の感性であり、〝石〟に対する〝木〟が持つ情緒、さらには、それらを包み込む日本の自然でもあろうと思います。

本書で紹介する建造物の中には、すでに「世界遺産」に登録されているものも、そうでないものも含まれていますが、私の率直な気持ちを述べますと、それが「世界遺産」に登録されていようがいまいが、一人でも多くの日本人に、われわれの先祖が遺してくれた歴史的建造物に触れ、先祖の偉業を讃えて欲しいと思うのです。それは、近年、さまざまな分野で閉塞感を覚える日本人が日本人としての誇りを取り戻し、日本全体が活性化するきっかけにもなるのではないでしょうか。

なお、本章に掲載した写真は、特に断りがない限り、筆者である私自身の撮影によるものです。

「ハイテク」な歴史建築◎目次

第2章　巨木文化の縄文時代・弥生時代

第3章　仏教伝来の飛鳥時代

第5章　宮廷文化の平安時代

第6章　禅宗影響下の鎌倉・室町時代

本文内写真／特記ない場合著者撮影
本文内イラスト／瀬芹つくね

第1章

日本の歴史的木造建築の特徴

石の文明と木の文明

エジプトのピラミッド、ルクソール神殿、ギリシャのアクロポリス、イタリアのフォロ・ロマーノ、ペルーのマチュ・ピチュ、中国の万里の長城――私はいままで、数々の古代世界の代表的建造物を訪れましたが、これらを眺めて痛感するのは、古代世界の技術の基盤が「石の文化・文明」であることです。

それに対し、日本の歴史的建造物を見れば明らかなように、古代日本の技術の基盤は「木の文化・文明」です。

もちろん、古墳時代に古墳の内部構造を巨大な石材で組みたてたり、近世には壮大な城郭の石垣を築いていることからもわかりますように、日本が〝石の技術〟を持っていなかったわけではありません。しかし、それらの〝石の技術〟は主に灌漑《かんがい》、石垣などの土木工事に用いられたのであり、「日本の建築」に石が用いられることはほとんどなかったのです。

建築評論家の川添登氏は、石を「地球の造山作用の圧力によってつくられた最も優れた圧縮材」、木を「太陽を求めて空へ伸びる生命力を繊維として内包している最も優れた引張材」と呼び、「ヨーロッパは圧縮力の文明、日本は引張力の文明」と定義しました（『黒潮の流れの中で』筑摩書房）。

このような「石の文明」の本質は、古代世界の建造物の前で感じる圧倒的な重量感や、圧迫感と無関係ではないでしょうし、「木の文明」の本質は、私が日本の古代建造物に感動させられる優美さや癒しと無関係ではないでしょう。

降水量に恵まれた日本列島は、古代より豊かな森林におおわれていました。

現在は、太平洋岸や瀬戸内海沿岸などの地域、つまり人口密集地、工業地域で森林は姿を消していますが、私は日本各地に出かけるたびに、日本列島全体を眺めれば森林地帯は決して少なくないことを実感します。有史以来、日本人は木の文化・木の文明の中で連綿と生きてきたのです。

森林におおわれた日本列島で生活してきたわれわれ日本人の祖先は、樹木についてかなりの知識を持ち、材料として利用し、また精神生活の中で親しんできました。古代の日本人の日常生活や精神生活を文字で最も鮮明に伝えてくれているのは『古事記』、『日本書紀』そして『万葉集』だと思いますが、記紀の中に記載されている樹木の種類は五〇数種に及びます。また、〝万葉の世界〟を代表する奈良の春日山には、現在も二〇〇種以上の樹木が群生しています。

木を適材適所に

日本に繁茂する数多くの樹種の中から、スサノオノミコトは、神話の世界とはいえ、舟は杉と樟《くすのき》（楠）で、棺《ひつぎ》は槇《まき》で、宮殿は檜《ひのき》で作れ、と教えています。

遺跡や古墳などからの出土品や現存する寺社の建物が証明しているように、古代日本人は、このスサノオノミコトの教えを忠実に守っています。

『古事記』によれば、垂仁天皇の時代に舟が杉で作られたことが書かれていますし、事実、ほぼ同時期（弥生時代後期、二〜三世紀）のものと思われる静岡市の登呂《とろ》遺跡から発掘された田舟（丸木舟）も杉材製です。樟についても同様で、これまでに近畿地方で発掘された古墳時代のほとんどの舟は樟材で作られています。

『古事記』や『日本書紀』の記録、そして、実際に発掘されている古代の舟から、農作業などに使う簡単な舟には杉材、物資などを運搬したり、外洋に出る堅固な舟には樟材が使い分けられていたようです。

棺用に指定された槇はどうでしょうか。

近畿地方から出土した木棺はほとんど例外なく高野《こうや》槙で作られています。また、日本ばかりでなく、朝鮮の歴代百済《くだら》王の古墳にある棺もすべて高野槙で作られています。高野槙は世界で日本にしか産しない樹種ですので、古代朝鮮の棺材は、当然、日本から運ばれたものです。朝鮮にも種々の木材があったにもかかわらず、あえて日本から運んだということは、日本の高野槙が棺材として比類なき優れたものであったことの証拠でしょう。

宮殿用に指定された檜はどうでしょうか。

現存する最古の木造建築である法隆寺は、建立《こんりゅう》以来一三〇〇年以上経たいまでも凛とした美しさの伽藍を保っていますが、ここに用いられているのは樹齢二〇〇〇年以上といわれる檜材です。

残念ながら、二〇〇九年から解体修理に入り、二〇一九年の修理完了までは覆屋におおわれ、その姿を拝めないのですが、天平二（七三〇）年創建時の優美な姿をいまに伝える薬師寺東塔も檜材で作られています。

現存する神社の数は少なくありませんが、日本の歴史上、最も大きな意味を持つのが出雲大社と伊勢神宮（正式名は〝神宮〟ですが、本書では通称の〝伊勢神宮〟と記します）です。これらに用いられているのも檜材です。

法隆寺金堂や法輪寺三重塔、薬師寺金堂・西塔などを修復・再建し、日本の伝統的木造建築技法を今日に伝えた西岡常一棟梁は、著書の中で、木材としての檜の素晴らしさを繰り返し述べています。

後述しますように、木造建築の特徴の一つは、鉄筋コンクリート建築と異なり、解体修理ができることです。法隆寺も創建以来何度か解体修理が行なわれていますが、豊臣秀頼による〝慶長の大修理〟には、欅《けやき》のほかに松と杉が大量に使われたそうです。松、欅の寿命は四〇〇年くらい、杉は一〇〇〇年くらいといわれます。法隆寺創建の時にも、金堂の屋根の下地材などには杉板も少し使われましたが、〝昭和の大修理〟(一九三四〜一九八五年)の時、それらの杉板は触っただけでぼろぼろに崩れたそうです。

〝昭和の大修理〟では、このような杉板や〝慶長の大修理〟の時に使われた欅、松、杉材がすべて檜材に取り替えられました(西岡常一、小原二郎『法隆寺を支えた木』日本放送出版協会)。結局、スサノオノミコトがいうように「宮殿は檜で作れ」なのです。

杉、樟、槙、檜のほかにも、日本各地の古代遺跡や古墳からの出土品を調べてみますと、さまざまな道具類や仏像などが、ほぼ一定の種類の木材によって作られていることがわかります。農具は樫《かし》、櫛《くし》は柘植《つげ》、食事椀は欅、仏像は樟か松という具合です。つまり、日本の古代人は、積年の経験を通して、身のまわりにあるさまざまな樹木の性質を熟知し、それらを文字通り〝適材適所〟に使っていたのです。

いま「経験を通して」と書いたのですが、現代の科学・技術によってそれぞれの木の物理的・化学的・機械的性質を評価しますと、古代日本人の経験を通しての〝適材適所〟が科学的にも正しいことがわかるのです〈志村史夫『古代日本の超技術〈改訂新版〉』講談社ブルーバックス〉。

まさに、「木の文化・文明」の面目躍如ということでしょう。

木の寿命と強さ

ちょっと難しい話になるかもしれませんが、ここで「木の寿命と強さ」の秘密について述べておきたいと思います。

法隆寺の五重塔が一三〇〇年以上経たいまでも凜とした姿を保っていること自体、驚異的に思えますが、その部材である檜が樹齢二〇〇〇年以上というのもすごいことです。つまり、その檜は二〇〇〇年以上、まさに一本立ちしていたのです。二〇〇〇年どころか、屋久島の「縄文杉」は樹齢七〇〇〇年といわれています。私たちは普段あまり意識しませんが、木は地上最大・最長寿の生きものなのです。

法隆寺の〝昭和の大修理〟を指揮した西岡棟梁は「五重塔の軒を見られたらわかりますけど、きちんと天に向かって一直線になっていますのや。千三百年たってもその姿に乱れがないんです。おんぼろになって建っているというんやないですからな。しかもこれらの千年を過ぎた木がまだ生きているんです。塔の瓦をはずして下の土を除きますと、しだいに屋根の反りが戻ってきますし、鉋《かんな》をかければ今でも品のいい檜の香りがしますのや。これが檜の命の長さです」（西岡常一『木のいのち木のこころ　天』草思社）と述べています。

また、木には「樹齢」と「耐用年数」の二つの命があり、木材は、上手に使えば、樹齢と同年の耐用が可能だそうです。つまり、法隆寺の創建時、主要部材として使われた檜の樹齢は二〇〇〇年以上だそうなので、法隆寺の檜は、これから後、少なくとも七〇〇年くらいはもつということなのです。

檜は、そもそも木は、どうしてこれだけの長寿命を持つことができるのでしょうか。

それにはさまざまな理由がありますが（拙著『生物たちの超技術』洋泉社）、紙幅の都合で、ここでは、後述する鉄筋コンクリート建築との比較の時、参考になることだけにつ

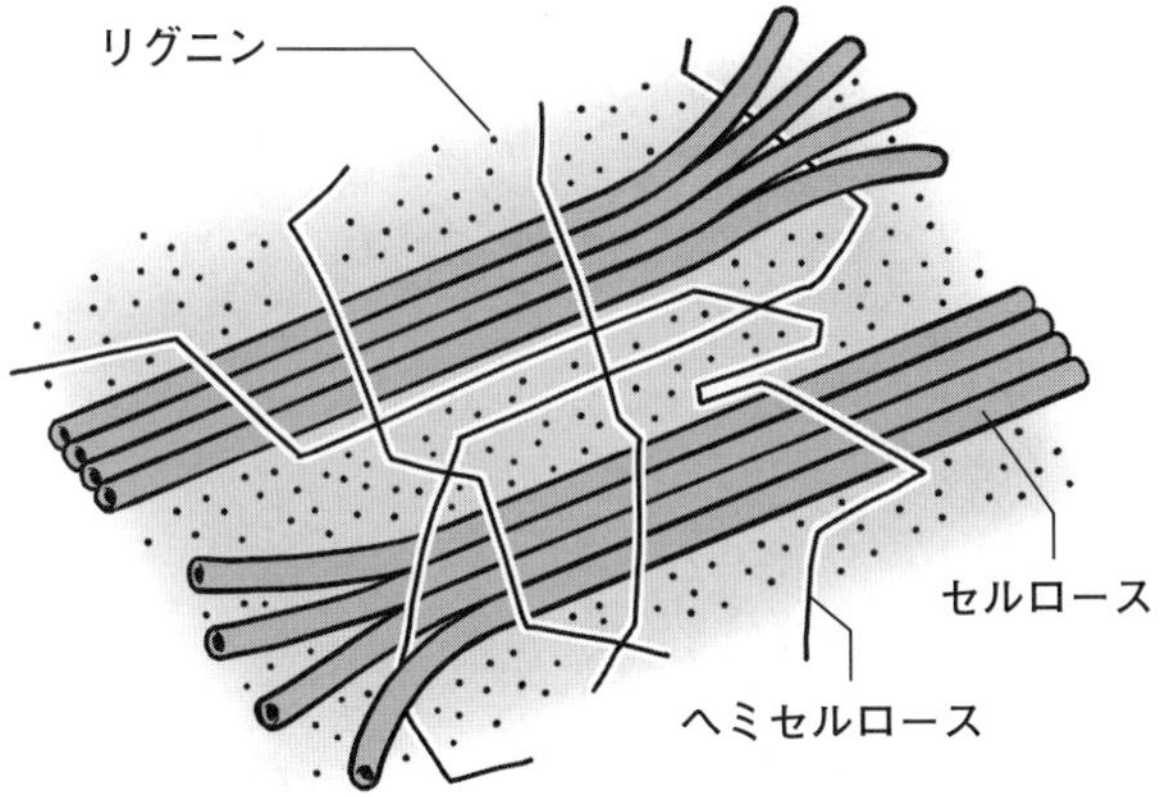

図1-1　細胞壁を形成する成分

いて述べます。

木材は「軽くて強い材料」です。

木も他の生物と同じように生物体の最小単位としての細胞から成りたっていますが、木を構成する〝材料〟のほとんどの部分は空隙《くうげき》です。このことが、木が〝軽い〟原因です。

その細胞壁は図1－1に模式的に示しますように、化学的な三成分によって形成されており、その原料はすべて、葉の光合成によって生成された炭水化物（炭素・水素・酸素から成る化合物）です。

細胞壁の骨格を形成するセルロースはブドウ糖が直鎖状につながった長い繊維で、この多数がからみ合って束になっています。この繊維の束はきわめて強いものになり、これが木の強さとしなやかさを生む源です。

このようなセルロースの束と束の間に入り込むのが、リグニンというプラスチックのような物質です。セルロースだけだと細胞壁はすき間だらけで、外から水や微生物が入り込んで腐りやすくなってしまいますが、それを防いでいるのがリグニンです。リグニンの原料もブドウ糖ですが、セルロースとは性質が大きく異なっています。それは、水と油にたとえられるほどです。

つまり、セルロースの束と束の間にリグニンが入り込むと書いたのですが、じつは〝入り込む〟だけで、リグニンはセルロースの束同士をつなぎ合わせる仕事はできません。

このようなセルロースとリグニンの〝仲人〟をするのがヘミセルロースです。

ヘミセルロースは数種類の異なる単糖によって構成されている、繊維状の分子量が大きい化合物ですが、セルロースと異なり、ヘミセルロース自体は互いにまとまって束を作るほどにはなじみません。しかし、ヘミセルロースはセルロースともリグニンとも相性がいいのです。このようなヘミセルロースによって、骨格材料のセルロースと充填材《じゅうてんざい》のリグニンが固く結びつけられ、強固な細胞壁が作られるのです。

細胞壁の主要化学成分であるセルロース、ヘミセルロース、リグニンの構成比はおよそ

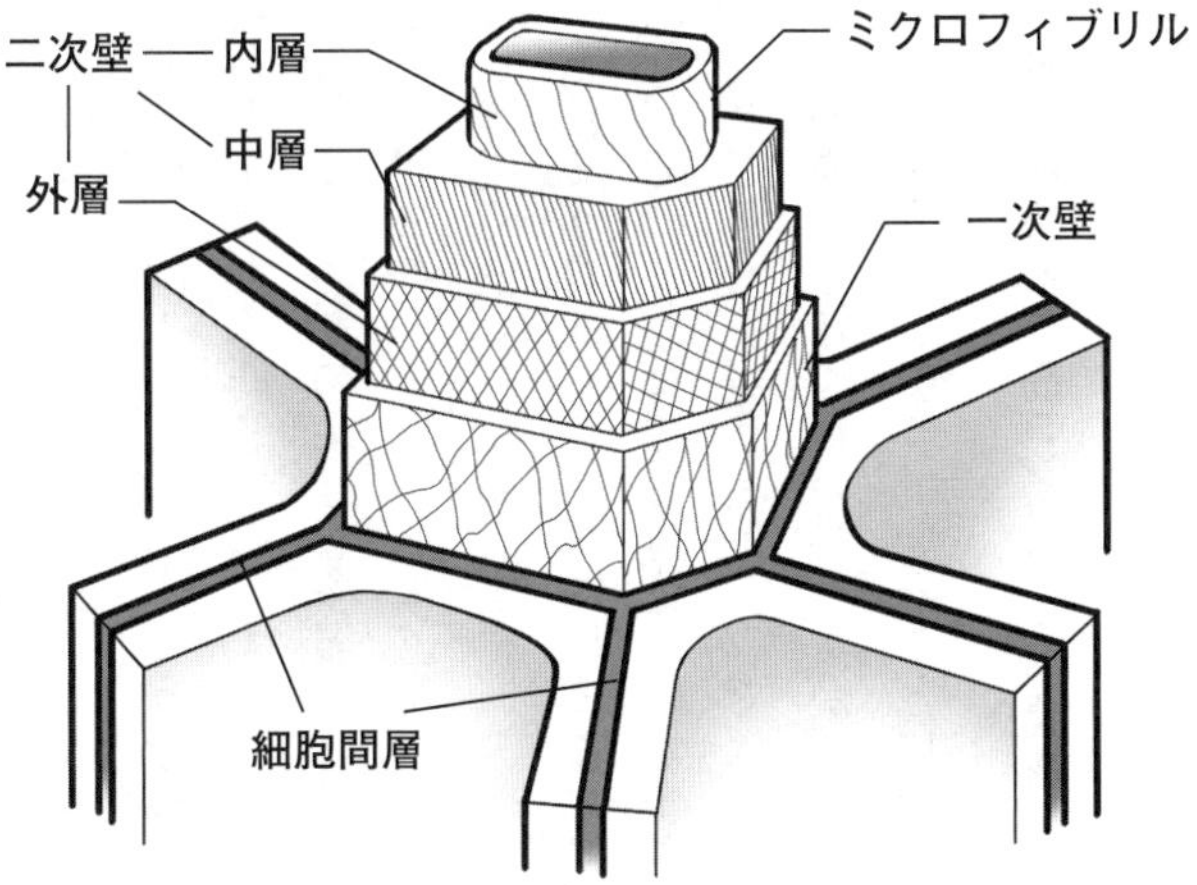

図1-2　細胞壁の微細構造モデル

五対三対二になっています。

木が強いのはセルロースの中の〝強化繊維〟に相当するミクロフィブリル（「小さな繊維」の意味）と呼ばれる小繊維に依存します。ミクロフィブリルは、細胞壁が構築される時、細胞壁の外側から内側へと堆積していくのですが、その並び方には一定の規則性があります。細胞壁の微細構造モデルを図１－２に模式的に示します。

最初に構築される外側の壁（一次壁）は網状のミクロフィブリルからなる薄い層です。

この後さらに、木が育っていくにつれて三層から成る壁（二次壁）を形成するのですが、ミクロフィブリルの並びの方向が異なり、その結果、どのような方向からの力に対しても耐えられるようになっています。一次壁、二次壁の各層はリグニンとヘミセルロースで強固に接着されています。

じつは、図1－2に示すような構造は、現在の最先端の〝軽くて強い〟複合材料の基本構造とまったく同じなのです。そのデザインの基本はあらゆる方向の応力に耐える、ということです。このような多層複合材料は、最近では繊維強化プラスチックやカーボン繊維として、スペースシャトル、航空機、自動車のボディ、釣り竿、ゴルフクラブのシャフトなどに広く使われています。

木はミクロ的、マクロ的にまことに巧妙な、幾重もの多層、複合構造を持っているのであり、そのような複合構造自体、また木がいかにしてこのような構造を作り上げられるのか、とても人智が及ぶところではないように思われます。

木の構造を知ったいま、木が数百年、数千年にわたって風雪に耐え、直立不動で文字通り〝一本立ち〟できていることに合点がいくのではないでしょうか。

木造建築と鉄筋コンクリート建築

現代の建築物、建造物の主要な材料といえばコンクリートです。

コンクリートは骨材（一般的には砂、砂利）、水、セメントを調合し、こね混ぜて固まらせた一種の人造石を指します。コンクリートは圧縮力には強いのですが引張力には弱いため、建造物にはコンクリート単体で使うより引張力に抵抗してくれる鉄筋を入れた、鉄筋コンクリートとして使われることが多いのです。事実、現代の木造建築物以外の大型建造物のほとんどは例外なく鉄筋コンクリート造りです。

じつは、鉄筋コンクリートの構造と図1－1に示した木の細胞壁の構造とがそっくりなのです。

細胞壁を鉄筋コンクリート製の壁にたとえるならば、セルロースが鉄筋、リグニンがコンクリート、ヘミセルロースがギザギザの針金に相当します。

木の細胞壁の構造と鉄筋コンクリートの構造はそっくりなのですが、両者の耐久性については甚大な違いがあります。これは、木の細胞の三成分がいずれも炭素と水素と酸素から成る同種の物質で構成されているのに対し、鉄筋コンクリートが鉄、セメント（石灰石）、砂利、水という異種の物質で構成されていることのためです。特に、耐久性の点で鉄と石灰石と水の組み合わせがよくないのです。

すでに述べましたように、樹齢が数百年から数千年のさまざまな木が元気に立ち続けていることからも明らかなように、細胞壁の〝構造材〟としての耐久性も数百年から数千年に及ぶのですが、一方の鉄筋コンクリートの耐久性はどうでしょうか。

日本では、一九五九年建造の長崎鼻灯台が〝長寿〟として話題になるくらいですから、通常はせいぜい五〇年、どう頑張っても一〇〇年が限界ではないでしょうか。

鉄筋コンクリート建造物の耐用年数に関し、私の記憶に最も鮮烈に残っているのは、アメリカ・ワシントン州シアトルにあり、アメリカ大リーグのシアトル・マリナーズが本拠地にしていたキングドームスタジアムです。このスタジアムが最先端の鉄筋コンクリート、ドーム構造の多目的スタジアムとしてオープンしたのは、一九七六年三月でした。私も、在米中、この球場でマリナーズの試合を見たことがあります。

このキングドームスタジアムが老朽化の為に取り壊されたのは、オープンからちょうど二四年後の二〇〇〇年三月のことでした。巨大なドーム球場は、周囲に仕掛けられたダイナマイトの爆破によって一瞬で灰燼となりました。つまり、最先端技術を駆使して建造された鉄筋コンクリートの建物が、わずか二四年間で老朽化し、その使用に耐えられなくなったのです。

鉄筋コンクリートの老朽化、劣化の原因もメカニズムも単純ではないのですが、いずれにせよ、直接的原因は鉄筋の腐蝕で、私は、問題の根源はコンクリートと鉄筋という異物質の組み合わせにあると思います。

コンクリート作りにもかかわらず、例外的に、建造からおよそ二〇〇〇年を経たいままでも完全な姿を見せているのはローマのパンテオンですが、これは無筋コンクリートで建造されています。〝ローマンコンクリート〟と呼ばれるコンクリート自体が、現代のコンクリートとは比較にならない耐久性を持つのですが、本質的なことは鉄筋を使っていないことなのです（詳しくは拙著『古代世界の超技術』講談社ブルーバックス）。

このように、耐用年数の点で、素材である木と鉄筋コンクリート自体に決定的な違いがあることに加え、木造建築には鉄筋コンクリート建築には絶対まねができない利点があります。

法隆寺は〝世界最古の木造建築〟ではありますが、じつは創建以来、何度か解体を含む大修理を経て今日に至っているのです。最近では、前述の〝昭和の大修理〟が行なわれています。また、唐招提寺金堂も二〇〇〇年から二〇〇九年にかけて〝平成の大修理〟が行なわれ、私はこの現場を見学させていただいたことがあります。

このように、木組みを主として構築される歴史的木造建築物は、解体・修理が可能なのです。そして、腐朽した部材の交換によって復元されます。古代日本の匠の智慧と経験が実現した五重塔に代表される木造建築は、いわば永遠の命を吹き込まれた永続的な建造物なのです。

しかし、鉄筋コンクリートの建造物は、一度建てたら破壊されるまで、解体・修理などは不可能です。したがって、例えば、高層マンションの建造後、そこに柱の不正工事が発覚したような場合、新しく再建するほかはないのです。不正の柱だけ交換するというわけにはいきません。当然のことながら、解体された鉄筋コンクリート建造物は、再利用が不可能な瓦礫《がれき》の山になるほかありません。

近年、人間の経済活動や社会活動の持続可能性を重視する、「サステナビリティ(sastainability)」という言葉をしばしば目にするようになりましたが、古代日本の匠たちは、一〇〇〇年以上も前からそのような考え方に立脚していたのです。そのような思想の根幹をなす日本の文化・文明の本質が、自然との永続的な調和を志向する姿勢にあったからです。

古代の大工道具

法隆寺をはじめとして、一〇〇〇年以上も凛として立ち続ける歴史的木造建築物が、日本には少なくありません。温帯モンスーン気候の、これだけ雨、湿気が多い日本で、木造建築物が腐朽することなく、一〇〇〇年以上もの間、凛とした姿を保ち続けるのは不思議なことです。その理由の一つは、いま述べましたように、木造建築物の解体・修理可能性ですが、そのほかにもいくつか隠された技《わざ》があるのです。

まず、日本の歴史的木造建築物は、木の性質を知り尽くし、真の適材適所を実践し、木を使いこなした古代の匠たちの技の結晶であり、賜《たまもの》であるということです。また、後述する古代の朽ちない鉄釘が果たした役割も決して小さくありません。木に打ち込まれた釘が腐れば、鉄筋コンクリートの場合と同様に、木を腐らせてしまうからです。

加えて、私が重視したいのは「古代の大工道具」です。

西岡棟梁は「道具は大工の手の延長です。そないになるまで使えなくてはなりません。……（大工の）仕事を成り立たせるのが道具ですわ。道具なしに腕のよしあしはないんです。だから職人は道具を大事にするんです。……道具を見たら腕がわかるかって聞かれますけど、そりゃ、わかりまっせ。一番大事なものをどう扱っているかを見れば、その人の仕事に対する心構えが見えますな」（前掲『木のいのち木のこころ　天』）と述べています。

〝木の国〟日本には、多種多様な木があり、同じ種類の木でも二本と同じものはなく、それぞれが複雑な性質を持っています。このような木を相手にしてきた日本の大工道具は多種多様です。また、木には構造材と化粧材とがあり、それらの加工、仕上げが互いに異なることが、大工道具を一層多様にします。

古来、日本では、このように多種多様な大工道具が使われてきたのですが、残念ながら、それらの現物を見ることはほとんどできません。それは、道具というものが、大切に保管され、あるいは鑑賞される美術・工芸品とは異なり〝使われるもの〟であり、使われた結果、必然的に亡びていく運命にあるからです。

また、社会には、道具は誰もが使うありふれたものという観念が古くからあり、美術・工芸品のように、保存するもの、後世に遺すものとはみなされておらず、保管する場所も機会もなかったのです。建築史家の村松貞次郎氏は「国宝・重要文化財などと、建築は華々しく脚光を浴びているが、その蔭にあった工人と道具が日の目を見ないのは、どうしたことだろうか」(『大工道具の歴史』岩波新書)と述べていますが、私もまったく同じ思いです。

それだけに、「わが国の建築は、明治初期まで木造建築一筋の歴史を歩み、木造建築の様式の多様化、造形美、それを具現化した高度な技術と優れた職人の技能は他の国に例がなく、独特の進歩発展を遂げてきました。それを支えたのが、道具の王者といわれる『大工道具』であります。その大工道具も、品質が良いものほど摩滅するまで使われるという厳しい宿命をもっているため、後世に遺るということが大変難しくなっています。また、近年のめざましい機械化、電動化の進展によって、その大工道具そのものが次第に姿を消していく傾向にあり、まことに惜しまれてなりません……建築の生産方式のシステム化が進み、工場生産と省力化による効率化が優先され、電動工具が普及する現代にあって、次第に消えていく古い時代の道具、優れた道具を民族遺産として収集、保存し、これらの研究、展示を通じて工匠の精神や道具鍛冶の心を後世に伝えていくために」(『竹中大工道具館展示解説』より)一九八四年、神戸市元町に設立された竹中大工道具館はきわめて貴重な存在です。

古代の大工道具を知る貴重な資料は、古文書の記述と絵巻物や職人歌合絵、職人尽絵な

どの絵画資料です。特に、当時の生活の様子が描かれている絵巻物は貴重です。

建築現場がまことに生き生きと描かれている絵巻としては「春日権現験記絵巻」（一三〇九年、図1‐3）、「松崎天神縁起絵巻」（一三一一年）、「石山寺縁起絵巻」（一四世紀後半〜一五世紀後半）などが有名です。

「春日権現験記絵巻」には、直垂《ひたたれ》、袴に草履を履いて、尺杖《しゃくじょう》を持った棟梁（親方）と、素足で作業に従事する大工・工匠たちの姿が生き生きと描かれています。そして、この絵の中に槍鉋《やりがんな》、手斧《ちょうな》、鑿《のみ》、木槌、墨壺、曲尺《かねじゃく》などの道具が見られます。

また、実際に大工道具を作る道具鍛冶にとっては、実際の加工の痕跡も貴重な資料にな

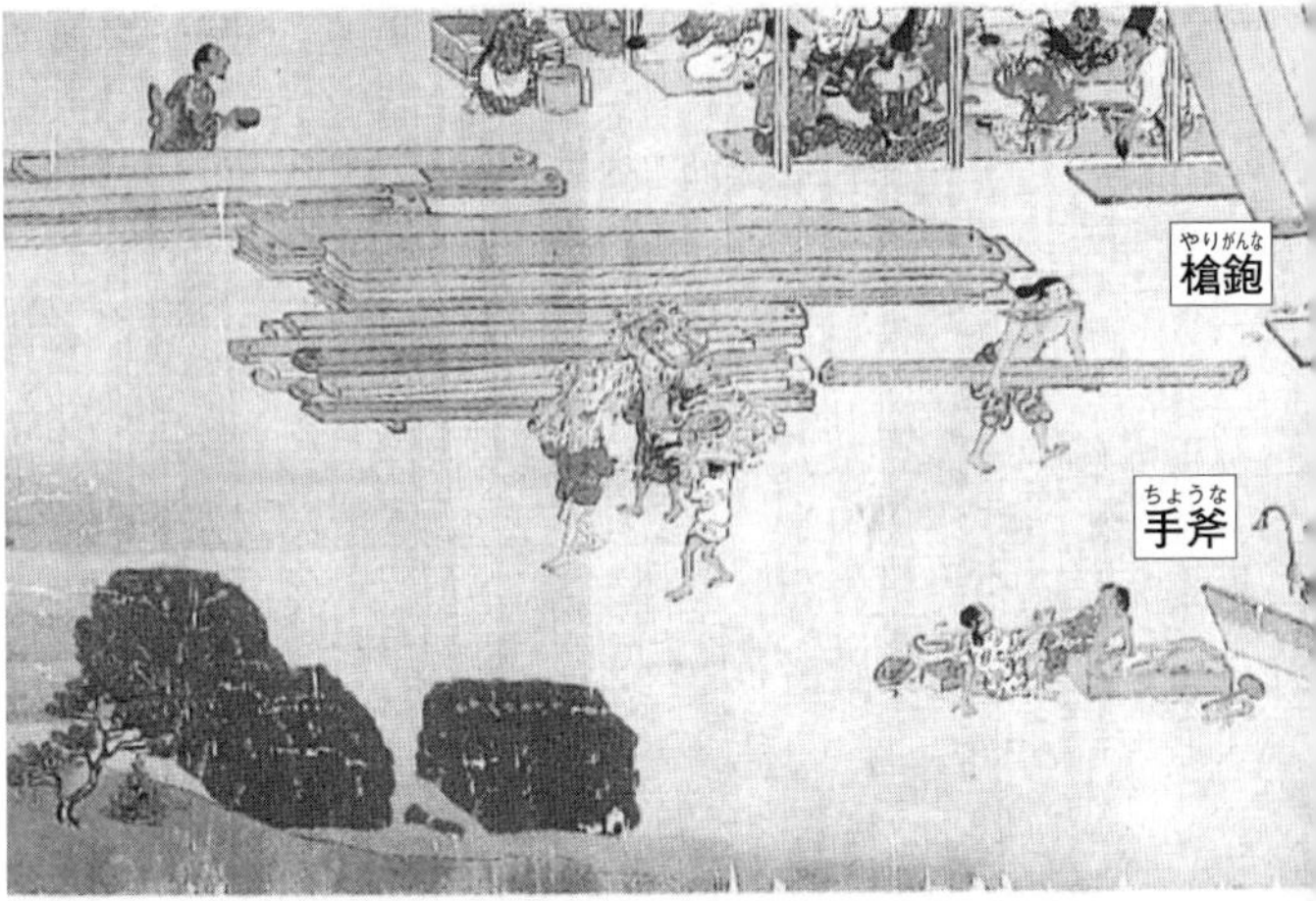

図1-3　春日権現験記に見られる古代大工道具

ります。

西岡棟梁の助言のもとに、いくつかの古代の大工道具を復元した功績のある白鷹幸伯鍛冶から、貴重な話を聴いたことがあります。

西岡棟梁から「これは貴重なものなので、大切に保管してください」という手紙といっしょに一枚の板切れが送られてきた。それは、一九三五年の法隆寺解体修理の時に出た樹齢二五〇〇年の檜板。その板には樹齢を示す美しい木目とともに手斧の削り跡がはっきりと遺っています（図1－4）。

結局、西岡棟梁の〝助言〟はこの板切れのみで、「白鷹よ、この削り跡から手斧を復元してみい」というメッセージだったのです。

白鷹鍛冶は、「春日権現験記絵巻」などに

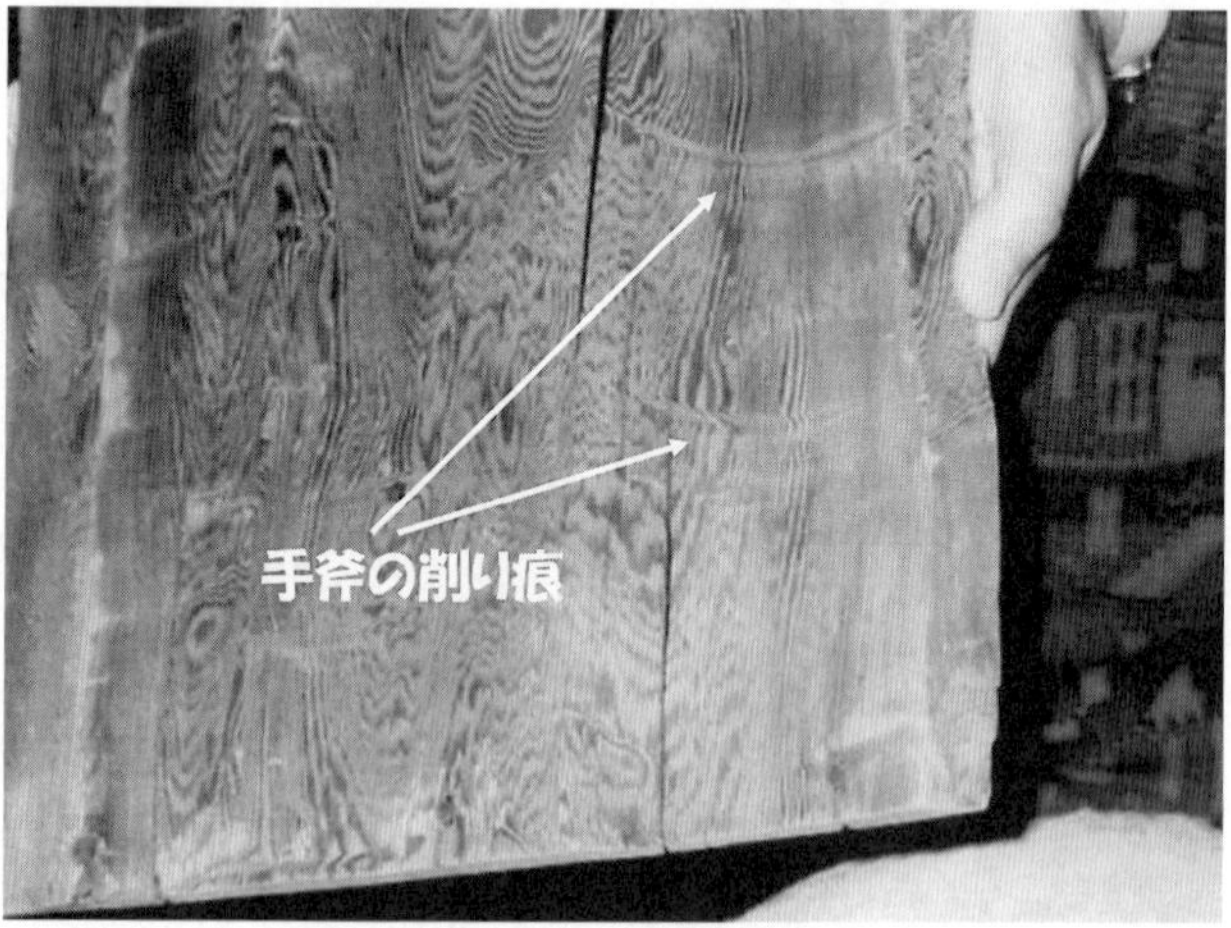

図1-4　約1300年前の法隆寺の檜板材

描かれた図、そしてこの板切れの痕跡から手斧を見事に復元しました。

白鷹鍛冶が復元した古代大工道具のいくつかが先述の竹中大工道具館に展示されています。

木材の加工

伐採した木を木材に加工する、つまり製材の時に最初に活躍する道具は鋸《のこぎり》です。

鋸には木材を繊維（木目）方向に平行に切る縦挽《び》きと、繊維を横に切断する横挽きのものがあります。

柱や長い板材を得るには、縦挽き鋸が必要です。

ところが、この縦挽き鋸が日本に出現する

のは室町時代（一三三八〜一五七三年）になってからのことです。つまり、法隆寺や薬師寺が建立された頃には、縦挽き鋸はなかったのです。実際、室町時代以前の絵巻物などの中に描かれているのは横挽き鋸のみです。

それでは、どのようにして柱や板材を得たのでしょうか。

木目に沿って柱や板を打ち割ったのです。

例えば、図1－3の「春日権現験記絵巻」などに木槌と鑿を使って、点々と穴をあけている様子が描かれています。これに楔《くさび》あるいは楔形の割り鑿を打ち込んで割り、柱や板材が得られるわけです。実際に、東大寺大仏殿の屋根瓦の下に敷かれた打ち割りで得られた板材を見たことがありますが、それは厚さが二ミリメートルほどの、打ち割りで得られたとはとても信じられない見事な薄い板材でした。

このように打ち割り法で柱や板材を得ようとすると、使われる樹種は檜や杉のように木目がきれいに真っすぐに伸びた良材に限られます。別のいい方をすると、室町時代以前の日本には、そのような良材が豊富にあったということです。また、打ち割り法で製材できるならば、縦引き鋸で製材するよりもはるかに迅速であり、またおがくずが出ないために無駄がないことは、容易に理解できるでしょう。

打ち割り法が優れているのは、時間的迅速性、材料の有効利用性のみではありません。それより、いっそう本質的な利点があります。

鋸によって木目に関係なく製材するのは、たとえ外観は整っているとしても、木の性質、自然の姿を無視していることになりますので、材に狂いが生じやすいのです。つまり、打ち割り法は、本来の木の性質を考えるならば、理想的な製材法なのです。しかし、経済性や簡便さを追求し、また打ち割りできるような良材が得にくく、さらに打ち割りの技術を持つ職人が稀少な現在では、打ち割り法で製材することなど皆無で、もっぱら縦挽き鋸が使われるのです。例外として、東北の民芸品として有名な曲物《まげもの》には、打ち割り法で得た材を使っているそうです。

日本でも、さすがに室町時代になると檜や杉の良材が不足してきたようです。木目が真っすぐに通った檜や杉の代わりに、木目の乱れた欅や松を使わざるを得なくなりました。そして同時に製材用の縦挽き鋸が必要になったわけです。前述のように、縦挽き鋸は室町時代に登場するのですが、檜や杉の良材の減少・欠乏と縦挽き鋸の登場とは一体のものです。

縦挽き鋸の出現は、それまで建築用材としては使えなかった樹種も使用可能にし、木材の利用範囲を急速に拡大した点において画期的なことだったのですが、木の性質を活かしていない木造建築が登場するのもこの時からだったのです。

製材された木材のうち、外から見える柱や床板、壁板などの表面には仕上げが必要です。また、木組みの接合なども鋸や鑿で切断しただけではうまくいきません。そのような木材の表面の仕上げに使われる道具が鉋です。

私たちが通常目にするのは、木製の台に刃（鉋身）がはめ込まれた台《だい》鉋《かんな》と呼ばれるものです。目的に応じて数十種類の台鉋があります。最近では電動鉋も普及していますが、基本的構造は台鉋と同じです。電動鉋も含め、台鉋はきわめて効率よく木材を平滑な面に仕上げることができます。

ところが、前掲の「春日権現験記絵巻」などの絵巻物を見ると気づくのですが、さまざまな大工道具を使って作業している図の中に、台鉋が描かれていないのです。

じつは、台鉋が出現するのも、縦挽き鋸と同様、室町時代以降のことなのです。というよりも、台鉋は縦挽き鋸と一対になって登場したものです。

台鉋の効率を高めるのが〝台〟なのですが、鉋をかけられる木材の面が鋸で切断したような平らな面でないと、台鉋の効能を活かせません、打ち割りした木材の面に台鉋をかけるのは事実上無理です。

台鉋がない時代、つまり縦挽き鋸がない時代、木材の表面の仕上げに使われた道具が手斧と槍鉋（図1－3参照）です。

槍鉋は一メートルくらいの長さの棒状の柄の先に、やや上に反った柳葉あるいは剣のような両刃の刃を取りつけた道具です。そもそも鉋といえば、この槍鉋のことであり、〝槍鉋〟という言葉ができたのは〝台鉋〟が登場した室町時代以降のことです。

打ち割りされた材は、まず手斧で荒仕上げされ、手斧で削った面を仕上げるのが槍鉋です。

槍鉋で削り取られるのは、優先的に軟らかい層ということになりますので、槍鉋では木の表面が繊維層に沿って削られることになります。その結果、槍鉋がかけられた仕上げ面は台鉋による仕上げ面のように平坦にはならず、小波《さざなみ》をうったような形状になります。

西岡棟梁の総指揮下、伝統様式・技法で一九八一年に再建された薬師寺西塔では、手斧、槍鉋による仕上げの跡をはっきりと見ることができます。

現代の台鉋や電動鉋は確かに便利で効率のよいものですが、その加工原理は基本的に鋸のそれとまったく同じで、外観は平滑で美しいのですが、木の性質を無視し、木の繊維を無理やり切断する道具です。台鉋や電動鉋で削られた面に水をたらすと水を吸い込みますが、槍鉋で切るというのは木の細胞と細胞の間を切り裂くということで、その表面には硬い層が出ますので水をはじき、カビが生えにくく、耐用年数が増すのです。

もちろん、「結果論」ともいえますが、便利な、効率のよい大工道具がなかった室町時代以前は、耐用年数が長い木造建築が可能だったわけです。

古代鉄と現代鉄

どういうわけか、私には小学生の頃に「法隆寺は世界最古の木造建築で、しかも釘を一本も使っていない」と誰か（たぶん学校の先生）に教わった記憶があります。実際、多くの人が「日本の歴史的木造建築には釘が使われていない」と思っているのではないでしょうか。

しかし、現代の木造建築の場合と〝使い方〟はちょっと違いますが、法隆寺をはじめとする日本の歴史的木造建築には多数の釘や鎹《かすがい》が使われています。「釘を使うてますけど、今の建築のように釘の力で木をおさえているわけじゃありません。釘は木を組んでいく途中で仮の支えですな。建て物が組み上げられ、組み合わさってしまったら、各部材が有機的に結合され、機能的に構造を支えあっていますから、釘はそんなに重要なものではありません」（西岡常一『木に学べ』小学館）ということです。

問題は、釘を使っているか、使っていないかということではなくて、その釘の原料である鉄のことです。

西岡棟梁は前掲書の中で「釘いうても、昔の飛鳥のときのように踏鞴《たたら》を踏んで、砂鉄から作った和鉄なら千年でも大丈夫だけれども、熔鉱炉から積み出したような鉄ではあかんというのです。法隆寺の解体修理のときには飛鳥の釘、慶長の釘、元禄の釘と出てきますが、古い時代のものはたたき直して使えるが、時代が新しくなるとあかん。今の釘はどうか、というと、五寸釘の頭など一〇年もたつとなくなってしまう。今の鉄なんてそんなものでっせ」「飛鳥時代のような鉄でしたら強いでっせ。千年はもちますな。法隆寺の飛鳥時代の部材から釘を抜きまっしゃろ、抜くときゆがみますが、このゆがみさえ直せば、飛鳥の釘はまた使えますのや。今まで千三百年もってますねん。これから、まだ千年もちまっしゃろな」と述べています。

そのような法隆寺の釘のいくつかが、先に述べました竹中大工道具館に展示されており、同館のはからいで、およそ一三〇〇年前の創建当初の、つまり〝飛鳥の釘〟を実際に手に取らせていただいたことがあります。それは、長さがおよそ三〇センチメートルの、法隆寺の構造材用の釘で、表面は黒く錆びていましたが、手にずしりとくる重さでした。

その前日、私は、薬師寺再建の際、和釘七〇〇〇本を鍛造した白鷹鍛冶の下で、法隆寺の〝飛鳥の釘〟とほぼ同じ大きさの和釘を自作する機会に恵まれたのですが、〝飛鳥の釘〟には、そのできたての和釘と同じ重さを感じたのです。つまり、一三〇〇年前の〝飛鳥の釘〟の内部は、まったく朽ちることなく新品同様の状態を保っているものと推測され、「飛鳥の釘はまた使えますのや。これから、まだ千年もちまっしゃろな」という西岡棟梁の言葉が決して誇張ではないことを実感した次第です。

それでは、古代鉄と現代鉄とは、何が、どのように違うのでしょうか。

一言でいえば、古代鉄が「たたら法」、現代鉄が「熔鉱炉法」で生産されるということなのですが、それらの具体的な違い、また結果としてのそれぞれの鉄の性質の違いについては紙幅の都合で割愛せざるを得ません。興味がある読者は是非、拙著『古代日本の超技術〈改訂新版〉』（講談社ブルーバックス）を読んでください。

古代瓦と現代瓦

一〇年以上前のことになりますが、私は白鷹鍛冶の紹介で、瓦博士・小林章男氏にお会いしました。小林氏は、社寺、城郭、民家など、数多くの文化財建造物の屋根の再建・修復に従事した、まさに「瓦博士」と呼ぶにふさわしい、瓦職人の神様のような人で、瓦（鬼瓦）分野で唯一の「人間国宝」でもありました。

私は、小林氏とお会いしたことが契機となって、「古代瓦の科学的研究」を小林氏と共同ではじめました。一見単純に思える瓦ですが、小林瓦博士から教われば教わるほど、知れば知るほど、その奥の深さに驚かされ、私の瓦に対する興味は果てしなく拡がっていったのですが、その研究は、小林氏が突然亡くなった二〇〇七年三月までのおよそ七年間で無念の終止符を打たなければなりませんでした。

日本が世界に誇る法隆寺に代表される、古代木造建築を支える基本的「秘密」の一端についてはすでに述べましたし、古代木造建築のすばらしさについては西岡棟梁や西岡棟梁の弟子の小川三夫棟梁の著作などによって広く知られています。さらに、白鷹鍛冶らの貢献により、木造建築に欠かせない大工道具や釘の重要性についても知られるようになりました。

しかし、このような古代の木造建築物を、年間を通じて降雨量が多く、湿度も高い日本の風土から守ってきたのが屋根瓦であったことを、私は小林瓦博士から学びました。瓦はまさに「縁の下の力持ち」ならぬ「屋根の上の力持ち」なのです。

もちろん、屋根瓦の第一の使命は、雨や雪、火など、外部からの〝攻撃〟から建物を守ることです。しかし、古代瓦が果たしてきた役割は、それだけではないのです。雨の日は、木造建築物の天井裏から室内の湿気を吸い、天気になればそれを屋根から蒸発させるのです。つまり、古代瓦は自ら〝呼吸〟し、屋内の湿度調節をすることによって、高温多湿の日本の気候から、古代木造建築物を内からも守ってきたのです。詳述する紙幅はないのですが、現代瓦は〝呼吸〟ができず、建物を外からの〝攻撃〟から守るだけです。

話が前後しますが、日本の瓦の歴史は飛鳥時代、五八八年、古代朝鮮の百済《くだら》から仏教伝来の時に仏舎利が献上され、寺院建築に必要な寺工、瓦工、画工などの技術者が渡来した時にはじまります。仏教を取り入れた飛鳥の宮で、それまでになかった寺院が各所で建立され、日本人は百済の瓦博士の指導の下でそれまで見たこともなかったこともない瓦を作り出したのです。

一〇〇年後、日本人は白鳳《はくほう》時代を経て、天平《てんぴょう》時代に完全な瓦を製作するまでになり、その時に葺《ふ》かれた瓦の一部はいまも元興寺や東大寺の屋根に遺り、およそ一四〇〇年を経たいまも現役の瓦として風雪に耐えて頑張っています。

先ほど、古代瓦は〝呼吸〟し、屋内の湿度調節をすることによって、高温多湿の日本の気候から古代木造建築物を内から守ってきたと述べましたが、ほとんどの読者は〝瓦が呼吸する〟ということを訝《いぶか》しがるでしょう。

瓦の〝呼吸〟の有無は瓦内部の気孔率（空隙率）と吸水率に依存するのですが、古代瓦と現代瓦の両者には大きな違いがあります。古代瓦は全体積のおよそ三〇パーセントほどが空間で、それは現代瓦の二倍にも達します。したがって、吸水率も大きく異なることになります。

日本の湿度は九〇パーセントくらいになることもしばしばであり、昔の瓦は、たとえ室内に置いておいても水分を吸収し、天気になれば吸収した水分を外へ放出するのです。つまりは〝呼吸〟するのです。昔の瓦は雨水は流しますが、水蒸気は吸収し、天気がよくなればそれを外部へ放出する湿度調整能力を備えているわけです。

また、古代瓦の気孔率が現代瓦のそれよりも二倍ほど大きいということは、当然、瓦の重さにも影響し、古代瓦は現代瓦よりも二〇パーセントほど軽いのです。
総じて、たとえ結果論であっても事実として、日本の木造建築と屋根瓦の役目のことを考えれば、どう考えても、古代瓦の方が現代瓦より優れている、といわざるを得ないのです。

数年前、元興寺や東大寺の瓦などの「古代瓦」に接する機会があったのですが、それらが持つ形や個性から伝わってくるぬくもりは、工場で量産される「現代瓦」には期待すべくもないものです。それは、現代瓦がまさしく「工業製品」であるのに対して、古代瓦が「手作りの焼き物」であるからでしょう。

鉄についても同じことがいえるのですが、さまざまな現代の先端技術を駆使して量産されている現代瓦が古代瓦に劣る、というようなことを聴けば、読者は奇異に思うに違いありません。長年「ハイテク」研究に従事してきました私としては内心忸怩《じくじ》たるものがあるのですが、本書で縷々《るる》述べますように、鉄や瓦に限らず、「現代人」の技術が「古代人」の技術にかなわない分野は少なくないのです。

なぜ、このようなことになるのでしょうか。

一言でいえば、それは、現代の技術が、現代社会が要求する「生産性」「経済性」「効率」にひたすら応えようとするからです。このことは、近代工業によって推進された〝質より量〟、〝経済効率最優先〟の価値観と不可分でありましょう。

日本の多くの文化財木造建築の修復に携わった小林瓦博士は「かつて、日本の在来木造家屋というのは、屋根から天井裏からも室内の湿気をきれいに吸って、屋根から吐き出していた。そういうことができる昔の瓦は理想的だった」「いまの瓦は二割くらい重い。それだけならいいが、空隙がなくて水を吸わないから結露する」と私に何度も語っていました。

現代瓦は生産性向上のため焼成温度が高く、瓦が高密度になりすぎ、吸湿性が下がって〝呼吸〟しない瓦になったことを小林瓦博士は嘆いていたのです。じつは、文化財木造建築保存の観点からいいますと、この〝瓦の結露〟というのは致命的な問題を生じるのです。

以下、小林瓦博士の証言です。

「東大寺大仏殿を修復した時のこと、真空土練機を使った吸水率が低い現代瓦を年末までに葺き、明くる年に二月末の夜中に暖かな雨が降った。零下に近い仮設の屋根に暖かい雨が降り、その空間が暖まったが、瓦の裏は冷たく、飽和状態になった水蒸気が瓦の表の〝汗〟となって現われ、すべて水滴となって軒端《のきば》に流れ落ちた。」

このような水滴は、軒裏を腐らせる大敵です。〝汗をかいた〟瓦はすべて、真空土練機を使って製造した〝昭和の瓦〟であり、同時に葺いた明治や元禄の瓦は、涼しい表情をしていたといいます。この経験をもとに、小林瓦博士は「文化財の建物には、軒裏を腐らせるような瓦は使えない。真空土練機は使わないで欲しい」と文化庁に箴言《しんげん》しました。この箴言は幸い、二〇〇二年の唐招提寺修復の現場で通ったのでした。

小林瓦博士は、瓦の焼成窯《がま》についても昔の窯のよさを強調していました。

飛鳥時代の穴窯が天平の奈良時代には平窯に替わり、奈良時代から室町時代末までずっと平窯時代が続きました。瓦を焼くには、窯の中の温度分布の均一性などの観点から平窯が一番よいのです。桃山時代にだるま窯が登場し、生産性を一気に向上させましたが、そのことで瓦は〝死んだ〟のだと瓦博士はいいます。

飛鳥時代の瓦の中には、元興寺の瓦のように、いまだに〝現役〟で活躍しているものもありますが、現代の瓦は、もってもせいぜい五〇年ではないか、と小林瓦博士は危惧していました。

第2章

巨木文化の縄文時代・弥生時代

縄文文化の豊かさ

一万五〇〇〇年ほど前、地球規模で気候が温暖化し、動物や植物の生態系が変化する中、紀元前数世紀頃まで日本列島で栄えた文化を一般に「縄文文化」と呼んでいます。周知のように、「縄文」とは、この時代の物として多数発掘されている土器の表面が縄を押しつけたような文様であることに由来するものです。

私自身もそうでしたが、昔、学校で習った「日本史」の影響で、多くの日本人が描く「縄文時代」は、おどろおどろしい装飾の土器（縄文土器）を使い、毛皮に身を包んだ毛だらけの人が棒を持って獣を追いかけるような、「未開」のイメージでした。続く「弥生時代」の端正なデザインの土器（弥生土器）と田植えに象徴される「文明」のイメージと対照的です。

しかし近年、縄文時代の遺跡から画期的な発見が続き、この時代が農耕狩猟採集、広域流通経済を基盤とした定住化した高度な社会だったことがわかっています。また、高い定住性とともに大集落の存在や、それらを可能にした落とし穴猟、カキ養殖や簗《やな》漁など高度な狩猟漁撈技術、木の実栽培などなど、さらには漆加工を含むさまざまな装飾品技術などが明らかにされるにつけ、縄文社会がきわめて豊かな社会であったという認識が定着しています。

大規模集落だった三内丸山遺跡

縄文時代がブーム的に注目を集める大きなきっかけの一つが、青森市の三内丸山遺跡の発掘でした。

じつは、東北地方から北海道にかけて、昔から縄文時代晩期の遺跡が多数あることは考古学ファンに知られていました。私は千歳市のキウス周堤墓群、小樽市の忍路《おしゃろ》環状列石、深川市の音江《おとえ》環状列石を見に行ったことがありますが、それらは高速道路脇、畑、山林の中にひっそりと放置されたままの状態になっており、「観光客」が来るような所ではありません。車で案内してくれた、根っからの道産子である友人ですら、私が案内を乞うまでまったく知らなかったのです。

それらの縄文遺跡がまさに自然な状態で放置されているからこそ、私はそれらの中に立った時、「三五〇〇年前、ここに縄文人が暮らしていたんだなあ」という感慨にふけることができました。

青森市の中央街を抜けて青森湾に注ぐ沖館川の右岸台地上に拡がっている三内丸山遺跡の雰囲気はまったく異なります。

そこは、縄文時代前期から中期まで、つまりいまから五五〇〇年前から四〇〇〇年前までの約一五〇〇年間途切れることなく営まれた、大規模な集落の跡です。

その地域は江戸時代から遺跡として知られていましたが、本格的な発掘調査が行なわれたのは一九九二年からでした。青森県の総合運動場の野球場建設に先立つ調査です。

逐次、大規模な盛土遺構、計画的に配置された五〇〇軒以上もの住居跡、大量の土器、石器、土偶、さらには翡翠《ひすい》や黒曜石などの交易品が発掘されていましたが、三内丸山遺跡を一躍全国的に有名にしたのは、一九九四年七月の大型掘立柱構造物跡の発掘でした。

結局、この発掘が契機となって、すでに着工されていた野球場の建設が中止され、三内丸山遺跡は永久保存されることになったのです。野球場建設関係者には気の毒なことだったでしょうが、古代史ファンにとってはまことにありがたいことでした。

専門家が驚いた大型掘立柱構造物

大型掘立柱構造物跡は図2－1（a）のように、深さが約二・二メートルの六個の柱穴

図2-1　三内丸山遺跡大型掘立構造物の柱穴（青森県教育委員会提供）

が三個ずつ二列に並んだものです。柱穴の底からは図2－1（b）のような直径約一メートルの栗材の柱痕も見つかりました。この木柱底部の形は石斧で整えられ、柱の周囲は焦がして腐りにくくなるように加工されています。

図2－1から予想されますように、この掘立柱構造物はかなりの大きさです。

この柱穴の発掘時、専門家を驚かせたのは、まず、すべての柱が四・二メートルの等間隔で立っていたことです。大型竪穴住居などの建造物は一定の長さの単位〝縄文尺（約三五センチメートル）〟と呼ばれる規格で建てられているのですが、大型柱の間隔の四・二メートルは一二縄文尺に相当しますので、縄文時代の日本人は一二進法を使っていたと考えられます。

これらの大型柱に、内側に二度傾けることによって互いに倒れにくくした「内転び」の技法が使われていることも驚きでした。

さらに驚くべきことは、枠を作り少しずつ土砂を混ぜて固める「版築《はんちく》」の技法を使った形跡があることでした。

「版築」技法は、古くシナの竜山文化（黄河中流域で栄えた新石器時代晩期の文化）にはじまるとされ、現在まで存続している建築土木技法であり、法隆寺などの古代木造建築物に使われていることがよく知られています。

シナの竜山文化期は紀元前二〇〇〇年前後で、日本でいえば縄文中期から後期に相当します。つまり、日本ではシナよりも早く、少なくとも同時期に「版築」技法が使われていたことになります。このこと一つとってみても、日本の縄文時代の技術が、世界史における屈指の古代文明が有した技術に匹敵するものであったことをうかがわせてくれます。

図２－１の柱穴跡を遺す〝大型掘立柱構造物〟が、実用的あるいは祭祀《さいし》的な建物なのか、建物とすれば屋根があったのかなかったのか、さらには、巨木信仰などに使う立柱か、などについては専門家の間で意見が分かれました。

図2-2　提案された大型掘立柱構造物の三模型

図2-3　三内丸山遺跡に復元された大型建造物（青森県教育委員会提供）

柱の下の土にかかった圧力の分析などから元の構造物を推測し、数人の学者から各自の見解に基づく図2-2のような模型が提案されました。結局、提案された三模型の折衷案とおぼしき、図2-3左のような屋根なしの大型掘立柱〝建物〟が復元されました。なんとも奇妙な姿です。

これは、実用的とも祭祀的とも判別しかねる〝建物〟です。例えば、望楼《ぼうろう》のような実用的な建物とすれば、屋根があったと考えるほうが自然なのではないでしょうか。祭祀的な建物とすれば、大きすぎないでしょうか。諏訪大社の御柱《おんばしら》のような信仰の対象としての巨木立柱とすれば横木が目障りです。

いずれにしましても、元の構造物が実用、祭祀、そして信仰のすべての目的を兼ね備えていたのは考えにくいことですので、私には、「復元」された折衷的〝建物〟はナンセンスに思えます。少なくとも、原型が図2-3の「復元」の形のようなものでなかったことは確かなのではないでしょうか。

ともあれ、「復元」に使われた栗の大木はロシアのソチからはるばる運ばれて来たものです。柱一本の重さは約八トン、長さは一七メートル、直径は一メートルです。これだけの大きさの栗の巨木は、現在の日本国内では容易に見つけられないそうです。

図2-4　三内丸山遺跡における巨大木柱の組みたて作業（1996年10月24日）

私は、一九九六年一〇月二四日に行なわれました六本の巨大木柱の組みたて作業に立ち会うことができました。

その作業風景を図2－4に示しますが、組みたては五基の大型クレーンを使って行なわれました。クレーンに支えられながら立てられた六本の柱は、まず、上部と下部に橋渡された鉄骨で仮留めされました。それから栗の丸木が三層にかけられて、図2－3のような建物が「復元」されたのです。

直径一メートル、地上の高さ約一五メートルの巨木が立ち並ぶさまは圧巻です。近くに寄りますと、それが巨大な建造物であることを実感できます。

縄文人の建築技術

それにしましても、クレーンも鉄骨もなかった縄文時代に、人力（家畜が使われた証拠はありません）と縄だけで、どのようにして、あれだけ巨大な掘立柱構造物を建てることができたのでしょうか。

図2－3の姿が正確に「復元」されたものかどうかは別にしましても、少なくとも、直径約一メートル、高さが一七メートルほどの栗の巨木を六本も立ち並べたことは事実で

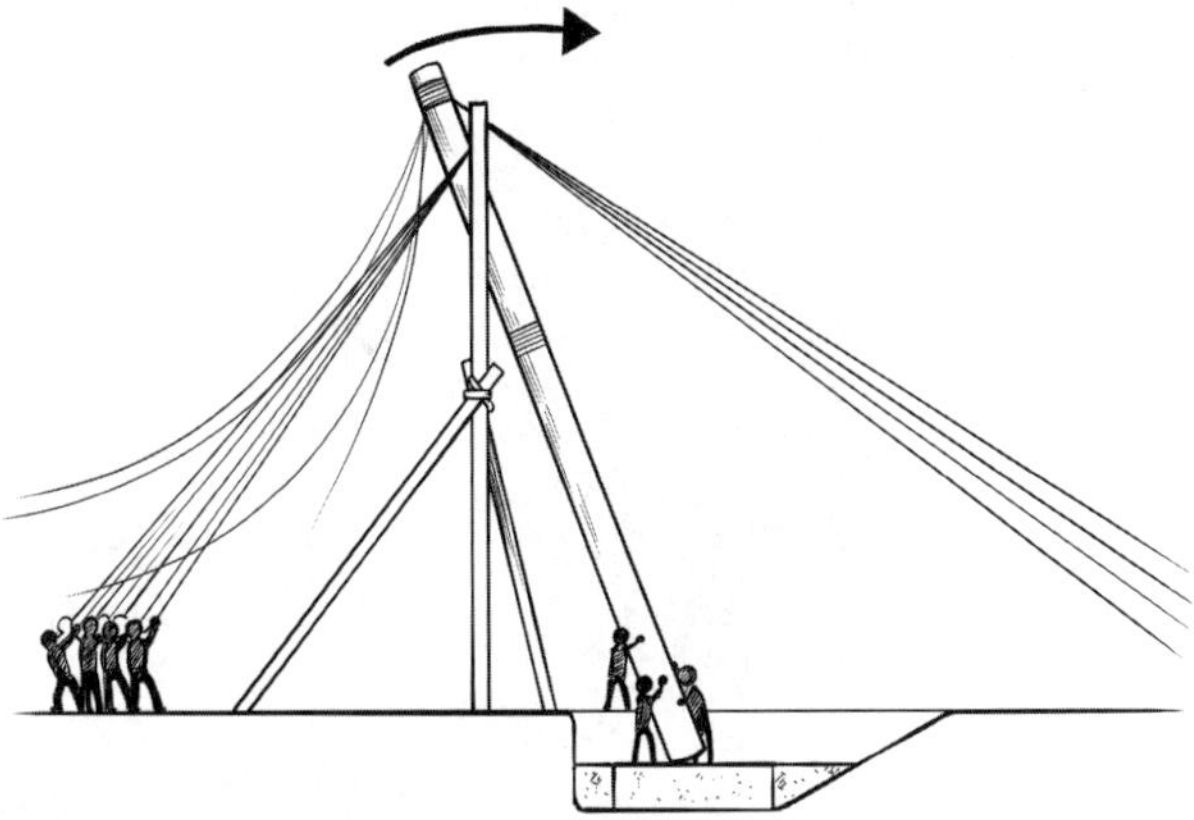

図2-5　五重塔の掘立心柱の立て方

す。私は、縄文人の智慧と技術の高さに驚かざるを得ません。

　ちなみに、第3章「法隆寺」の項で詳しく述べますが、五重塔で一番重要なのは中心を貫く心柱《しんばしら》です。法隆寺の場合、直径約八〇センチメートル、長さ約一六メートルの八角形の二本の部材をつないだ全長約三二メートルの心柱が立っています。

　もちろん、大型クレーンがない飛鳥時代、この心柱は人力と縄だけで立てられたのです。

　この法隆寺の心柱がどのようにして立てられたのかについては、遺された文献によって、図2－5に示すような方法であったことがわかっています。まさに、人力と縄だけに

図2-6　諏訪大社上社本宮の一之御柱

よって、全長三〇メートルを越す柱が立てられ、周囲の縄によって固定されたのです。

いまでも、大きな柱を立てることで知られている神事が、寅と申の年、つまり六年に一度行なわれる諏訪大社の「御柱祭」です。この御柱祭はいまから一二〇〇年以上前から続いているといわれています。

諏訪大社上社《かみしゃ》（本宮《ほんみや》、前宮《まえみや》）、下社《しもしゃ》（秋宮《あきみや》、春宮《はるみや》）の四社にそれぞれ四本ずつ合計一六本の柱が立てられます。一本の柱は長さ約一九メートル、直径約一メートル、重さ約八トン、樹齢約二〇〇年の樅《もみ》の大木です。

二〇一六年六月、私は諏訪大社を訪れ、これら四社の立てられたばかりの一六本の真新しい御柱を見ました。図2−6はそのうちの上社本宮一之御柱です。このような柱の立て方も、現在では縄の代わりに鋼鉄製のワイヤーが使われ、そのワイヤーを引っ張るのに車《しゃ》地《ち》と呼ばれる轆轤《ろくろ》が使われているものの、基本的には図2−5に示すような方法と同じです。

ところで、諏訪大社の四社はそれぞれ別の場所に建っており、雰囲気もそれぞれに異なるのですが、下社の秋宮と春宮の拝殿の図面はまったく同じであるにもかかわらず、雰囲気が微妙に異なるのはなぜかと思ったら、建立《こんりゅう》した棟梁が違っていました。同じ図面で同じ建物を作っても、棟梁によって結果が微妙に異なるのは、同じクラシックのシンフォニーでも指揮者によって、その〝音楽〟が異なることと同じだなあと興味深く思った次第です。

私はいままでに数多くの神社を見てきましたが、諏訪大社下社秋宮が一番好きな神社になりました。建物自体決して華美でもなく、大仰でもなく、えもいわれぬ上品な拝殿が周囲の雰囲気にじつによく溶け込んでいます。

さて、三内丸山遺跡の大型掘立柱が図2−5に示される方法で立てられたことは間違いないでしょう。この方法以外に、人力だけで大木を立てる方法は考えられません。つま

図2-7　三内丸山遺跡に復元された大型竪穴住居の内部

り、世界最古の木造建造物である法隆寺・五重塔のための基本的重要技術が、日本では四〇〇〇年以上前の縄文時代に確立していたことになります。

　日本の各地にある縄文時代の復元住居はいずれも、内部に直径が一五センチメートル程度の数本の主柱が垂直に立っている構造のものが普通です。それが、従来の縄文時代の建造物に対する常識でした。直径が四〇〜五〇センチメートル以上の柱は飛鳥時代（六〜七世紀）に仏教の伽藍が建立されはじめ、やや遅れて藤原京（七世紀末）や平城京（八世紀初）が建設される頃になってから出現するものだと考えられていたのです。

しかし、三内丸山遺跡に復元された大型竪穴住居（図２－３の右奥に写っている建物）には、図２－７に見られるような、直径が四〇センチメートルほどの主柱が使われていたようです。図２－７には堅固な梁《はり》構造も見られます。

じつは、縄文時代に図２－３のような巨木構造物が存在していたことを示すのは三内丸山遺跡だけではないのです。

縄文時代晩期の遺跡である石川県金沢市のチカモリ遺跡や石川県能都町の真脇遺跡の発掘調査からも、直径が八〇～九〇センチメートルもある栗材の柱を使った構造物があったことがわかっています。縄文時代に、巨木を使いこなす技術が確立されていたことは間違いありません。

日本人の直接の祖先は縄文人と考えられていますが（瀬川拓郎『アイヌと縄文――もう一つの日本の歴史』ちくま新書）、日本列島の縄文人は、当時の世界最先端の「ハイテク人」だったのです。

「神話の国」出雲に見つけた「史実」

出雲《いずも》はしばしば「神話の国」と形容されます。

その典拠は、日本の「建国」の歴史を記した『古事記』、『日本書紀』、『出雲国風土記』です。

じつは「国書」つまり中央政権が出雲を舞台にして作った『古事記』、『日本書紀』と地元の豪族である出雲国造《こくそう》が編纂した『出雲国風土記』の神話は互いにまったく異なった視点を持っており、非常に興味深いのですが、日本の歴史的建造物を主旨とする本書では深入りを避けたいと思います。後述する出雲大社の項で、その巨大神殿の意味を考察する時に、神話との関係について簡単に触れます。出雲神話全体について興味のある読者には千家尊統『出雲大社』（学生社）、関裕二『出雲大社の暗号』（講談社）、瀧音能之『出雲大社の謎』（朝日新書）などを読んでいただきたいと思います。

ところで、「国造」は「県主《あがたぬし》」とともに、古代日本の国の統治機構の「地方官名」の一つで、五世紀のころには全国で一三〇ほどが置かれ、現在の郡ほどの広さの地域を支配していたといわれます。

この「国造」は、歴史の教科書などの中では一般的に「くにのみやつこ」と読まれますが、いつごろからか音読みして「こくぞう」となり、出雲ではこれを清音で「こくそう」と読みならわしてきています。

さて、一般に「神話」と「歴史的事実」とは別個に扱われますし、「神話」をそのまま「歴史的事実」と考える人は多くはないはずです。

しかし近年、出雲地方で、それまでの常識を覆す考古学的大発見が続き、「神話」が「史実」と考えられはじめているのです。

まず、一九八四年から八五年にかけて、荒神谷《こうじんだに》遺跡から弥生時代の三五八本という大量の銅剣や一六本の銅矛などが出土したことです。もちろん、これだけ大量の銅剣、銅矛が一箇所から発見されたのは前代未聞のことです。それまでに、全国で見つかっていた弥生時代の銅剣の総数が約三〇〇本であることを考えますと、荒神谷遺跡で発見された銅剣の数にあらためて驚かされます。

さらに、一九九六年にも、荒神谷遺跡から遠くない加茂岩倉《かもいわくら》遺跡から三九個の銅鐸が発見されて注目を集めました。この加茂岩倉遺跡での発掘以前に日本全国で発掘されている銅鐸の総数が四六〇個であることを考えますと、三九個というのは異常な多さです。

私は、多量の銅鐸発見直後、加茂町（現雲南市）教育委員会の協力を得て、発掘現場を見学させていただきました。

そこは、谷奥の丘陵斜面中腹の山道工事現場でした。パワーショベルの生々しい爪あとの脇に四五センチメートルほどの銅鐸が顔を出していました。私は博物館などで銅鐸の実物を何度も見たことがありますが、土中に埋まった状態の銅鐸、しかも展示用ではなく発掘の姿そのままの銅鐸を見るのははじめてでしたので、身体が震えるほど感激したことをいまでもはっきりと憶えています。

私は現場で、取材の記者たちに、加茂岩倉遺跡で発掘された銅鐸の原料銅は東大寺大仏建立に使われた銅と同様にヒ素、石灰分が多量に含まれたものではないかという推論を述べました。この話にご興味がある読者は拙著『古代日本の超技術〈初版〉』（講談社ブルーバックス）を読んでください。

次に、これは一般にはあまり知られておらず、私も本書の取材で日御碕《ひのみさき》と日御碕神社を訪れた二〇一六年五月に偶然お会いした現地のダイビングガイド・岡本哲夫さんに話を聴いてはじめて知ったのですが、日御碕沖の海底神殿の発見です。

一九九九年、周辺の海を調査していた岡本さんは、明らかに人工的な階段を発見しました。その後、祭壇、参道、玉砂利を敷き詰めた洞窟、大小の岩がウミガメの形に並ぶ「亀石」などが水深三〇メートルまで点在するのを発見しています。

日御碕神社の創建は紀元前五三九年といわれ、「日の本の昼を守る」伊勢神宮に対し、

「日の本の夜を守れ」との勅命を受けた神社です。下の本社は「日沈《ひしずみ》の宮《みや》」で天照大御《あまてらすおおみ》神《かみ》、上の本社は「神の宮」で素盞嗚尊《すさのおのみこと》を祭神とし、出雲大社の「祖神さま」として崇敬を集める由緒ある神社です。

　この地には古くから、「日御碕神社の西の経島のタイワは海面上に浮かび、その場所で〝夕日の祭り〟が行なわれていたが、その後、海底に没した」という伝承がありますので、岡本さんが発見した海底遺跡は紀元前に存在した神殿ではないかと考えられます。

　もう一つ、これは本書と直接関係することですが、二〇〇〇年から二〇〇一年にかけて、出雲大社境内で巨大な柱が三箇所で発見されたことです。

　一本の直径が約一・三五メートルの杉材を三本束にしたもので、総径が約三メートルもありました（図2－8）。太さと年輪を見ますと、樹齢は二〇〇〇年を超えるのではないでしょうか。放射性炭素同位体法による分析の結果、部材の伐採は一二二八プラスマイナス一三年と判明し、文献上の造営記録などを総合し、鎌倉時代の一二四八年に造営された本殿に使われたものと考えられています。この巨大柱については次項「出雲大社」で詳しく述べます。

　このように、近年、「神話」が「史実」と認められるような画期的な考古学的発見が

図2-8　出雲大社境内で発掘された巨大三本柱（出雲大社所蔵、島根県立古代出雲歴史博物館提供）

「神話の国」出雲で続いているのです。出雲はもはや「神話の国」だけではなく「古代史の国」といってもよいのではないかと思います。

いま近年の出雲における画期的考古学的発見のいくつかを述べたのですが、じつは、出雲地方では以前より弥生式文化の特徴を示す、四隅突出《よすみとっしゅつ》型墳丘墓《がたふんきゅうぼ》と呼ばれるヒトデの形をした独特の大型墳墓がいくつか発掘されていますし、銅剣、銅矛、銅鐸なども弥生式文化の時代のものなのです。

従来、弥生時代の「二大青銅器文化圏」として知られていたのは和辻哲郎氏が提唱した「近畿の銅鐸文化圏」と「北九州の銅剣・銅矛文化圏」ですが、近年の出雲古代史における数々の発見を考えますと、「二大青銅器文化圏」の再考が求められるでしょう。

いずれにしても、出雲が弥生時代に栄えた大文化圏であることは疑いのない事実です。

古代から「特別」だった出雲大社

全国各地の寺社を訪れる中で思うのは、格の点でも、歴史の点でも、双璧はいうまでもなく伊勢神宮と出雲大社であるということです。創祀《そうし》に関しては、出雲大社は伊勢神宮より古く日本最古の「神の宮」ではありますが、私が出雲大社を「別格」だと思うのは、そのきわめて巨大豪壮な建物のためです。

伊勢神宮と出雲大社のさまざまな観点から、非常に興味深い比較については、すでに多くの書籍によって述べられており、日本人としては是非とも知っておきたいことなのですが、本書では割愛します。

以下、私は出雲大社の「巨大豪壮な建物」について述べたいのですが、その前に、「出雲大社」について簡単に触れておきたいと思います。

出雲大社は一般には「いずもたいしゃ」と呼ばれますが、現在の正式名は「いずもおおやしろ」です。「大社《おおやしろ》」は、出雲大社が中央政権の皇室から特別の待遇を受けてきたことの証でもあります。

じつは、一般にはあまり知られていないことですが、『出雲国風土記』の中に「出雲大社」という名称の神社は出てこず、『出雲国風土記』が成立した七三三年には、出雲大社は「杵築大社《きづきのおおやしろ》」と呼ばれており、現在の名称になったのは明治時代に入ってからのことなのです。

その杵築大社の社殿がいつ造営されたのかについては、『日本書紀』斉明天皇五年の条《くだり》の「是歳《ことし》、出雲国造《いずものくにのみやつこ》に命《おほ》せて、神《かみ》の宮《みや》を修厳《つくりよそ》はしむ」を根拠にした六五九年が有力と考えられていますが、第八二代出雲国造・千家《せんげ》尊統《たかむね》氏の「大社が大国主神の宮としてはじめて建造された時期については、神話伝承はともかくとして、明確にその時をいつと指示することは、今日ではもはや模糊《もこ》としてわからないというべきであろう。三世紀末葉の垂仁天皇の御代にあてるというのも、ひとつの意見ではあろうが、なお一般的にいって考えるべき点も多い。しかしながら『古事記』や『日本書紀』の編纂された八世紀初頭のわが古典時代には、豪壮な社殿は人々の頭に強く印象づけられていたということは、動かすことのできない事実である、といわなければならない」（前掲『出雲大社』）という言葉が妥当なものに思われます。

出雲大社の社殿造替《ぞうたい》史料によれば、現在の本殿が作られた一七四四年までに二五回の造替があったとされます。その後、一八〇九年、一八八一年、一九五三年、そして、まだ記憶に新しい平成二五（二〇一三）年の四回の修理を経て現在に至っています。

二〇一三年は二〇年に一度行なわれる伊勢神宮の式年遷宮と、およそ六〇年に一度行なわれてきた出雲大社の大遷宮が重なった特別な年でした。

ところで、伊勢神宮の式年遷宮は、神殿、宝物、調度品などすべてのものが新調される「常若《とこわか》の思想」で行なわれますが、出雲大社の大遷宮は、造営当時のものをできるだけ遺し、修理、補強して後世に伝える「蘇りの思想」で行なわれます。そのため、出雲大社の大遷宮は「御修造」ともいわれます。今回の「平成の大遷宮」の中心となったのは檜皮葺《ひわだぶき》の大屋根の葺き替えでした。

通常の檜皮葺の建物に使われる檜皮の長さは七五センチメートル程度ですが、出雲大社には長さ約一・二メートルの特大の檜皮が使われました。一枚の檜皮の厚さは約二ミリメートルで、この檜皮を一センチメートルずつずらして葺かれますので檜皮は一二〇枚重なることになります。

面積約一八〇坪（六〇〇平方メートル）の大屋根に重ねられた檜皮の最終的厚さは軒先で六〇センチメートル、最も厚いところでは一メートルにもなっているといわれます。この堅牢《けんろう》な檜皮葺が、これから六〇年間神殿を守ることでしょう。

巨大豪壮な出雲大社本殿

神社の建築様式にはさまざまなものがありますが、代表的なのは伊勢神宮の神明造《しんめいづくり》と出雲大社の大社造《たいしゃづくり》です。

神明造の構造的特徴は奥行きより幅が大きく、円柱と鰹木《かつおぎ》（神社本殿などの棟木の上に横たえて並べた、円柱状の装飾の木）を除き、直線的外観を持つことです。大社造はほぼ正方形の古典的日本家屋に近い形をしており、神明造とは異なり、屋根は優美な曲線を持っています。

出雲大社本殿の高さは礎石から千木《ちぎ》（社殿の屋上、破風《はふ》の先端に延びて交差した木）の先端までおよそ二四メートル（八丈）あり、神社建築では他に例を見ない大きさなのですが、大社の「社伝」に「本殿の高さは、上古は三二丈（九六メートル）、中古は一六丈（四八メートル）、その後は八丈（二四メートル）であった」と書かれています。

ちなみに「上古」とは、日本史の時代区分で文献を有する最も古い時代でほぼ大化の改新まで、あるいは大和朝廷時代にあたり、「中古」は「上古」に次ぐ平安時代を中心にした時代のことです。

さすがに、三二丈の建造物は考えにくく、これは大社背後の神聖な禁足地である八雲山を神体山とした場合の高さではないかと思われます（前掲『出雲大社』）。

しかし、「一六丈（四八メートル）の高さの本殿」については歴史的根拠がないわけではありません。

平安時代初期、源為憲《みなもとのためのり》が当時の社会常識を子どもに暗誦しやすいように語呂を整えてまとめた『口遊《くちずさみ》』の中に、当時の塔を除いた高層建築物として「雲太、和二、京三。雲太とは出雲の国杵築明神の神殿をいふ。和二とは大和の国東大寺の大仏殿をいふ。京三とは大極殿をいふ」と記されています。つまり、出雲大社が一番、東大寺大仏殿が二番、平安京の大極殿が三番という順位を意味しているのです。

これは「出雲太郎、大和二郎、京三郎」の略称で、ちょうど「坂東太郎、四国二郎、筑紫三郎」といって利根川、吉野川、筑後川の長大さを順位付けしたのと同じです（私は小学生の頃、よく唱えました）。

この当時の東大寺大仏殿の高さは一五丈ですから、出雲大社（杵築大社）の高さが一五丈以上あったことは間違いないのです。

この『口遊』のほかにもう一つ、大社本殿の高さを示唆《しさ》する史料に、千家国造家に鎌倉～室町時代から伝えられてきた「金輪御造営差図《かなわのごぞうえいさしず》」があります。これは江戸中期の国学者・本居宣長が随筆集『玉勝間《たまかつま》』に「出雲大社、神殿の高さ、上古のは三十二丈あり、中古には十六丈あり、今の世のは八丈也、古の時の図を、金輪の造営の図といひて、今も国造の家に伝へもたり、其図、左にしるすが如し（図2－9）、此図、千家国造の家なるを、写し取れり、心得ぬことのみ多かれど、皆ただ本のまま也、今世の御殿も、大かたの御構は、此図のごとくなりとぞ」と書いてから世の注目をひくことになったのです。神殿の平面構造は典型的な大社造の「田の字型」で、九本の柱はいずれも大きな円形の内に三つの小円形を描いており、この小円は柱材、大円は三本の柱を鉄の輪で束ねたものと考えられました。

ところで「設計図」にあたる「差図」にあえて「金輪」という言葉を冠しているという

ことは、この「差図」の主眼が三本の柱を鉄輪で束ねるということにあったことを窺《うかが》わせます。

余談ですが、質量ともに圧倒的な学問的業績から、私は本居宣長のことを大天才学者として尊敬しているのですが、この宣長が松坂から出雲まで出向き、自ら「金輪御造営差図」を写し取ったのかと思うと胸が躍ります。千家国造家が誰にでも見せるわけではない「金輪御造営差図」を見せ、それを写し取らせたのは、著名な大学者・宣長であったからこそでしょう。『玉勝間』は博覧強記の宣長が全面的に現われている興味が尽きない随筆集です。

閑話休題。

この「金輪御造営差図」を実証するのではないかというのが、前述の出雲大社境内で一本の直径が約一・三五メートルの杉材を三本束にした、総径が約三メートルもある巨大な柱（図2-8）が三箇所で発見されたことです。これは、日本発掘史上最大の柱です。その三箇所は図2-9の①、②、③の位置に一致しました。「田の字」の中心に位置するはしらは心御柱《しんのみはしら》（いわゆる大黒柱《だいこくばしら》）、その周囲の上下直線上に並ぶ柱は宇豆柱《うずばしら》、両側の六本の柱は側柱《かわばしら》と呼ばれます。

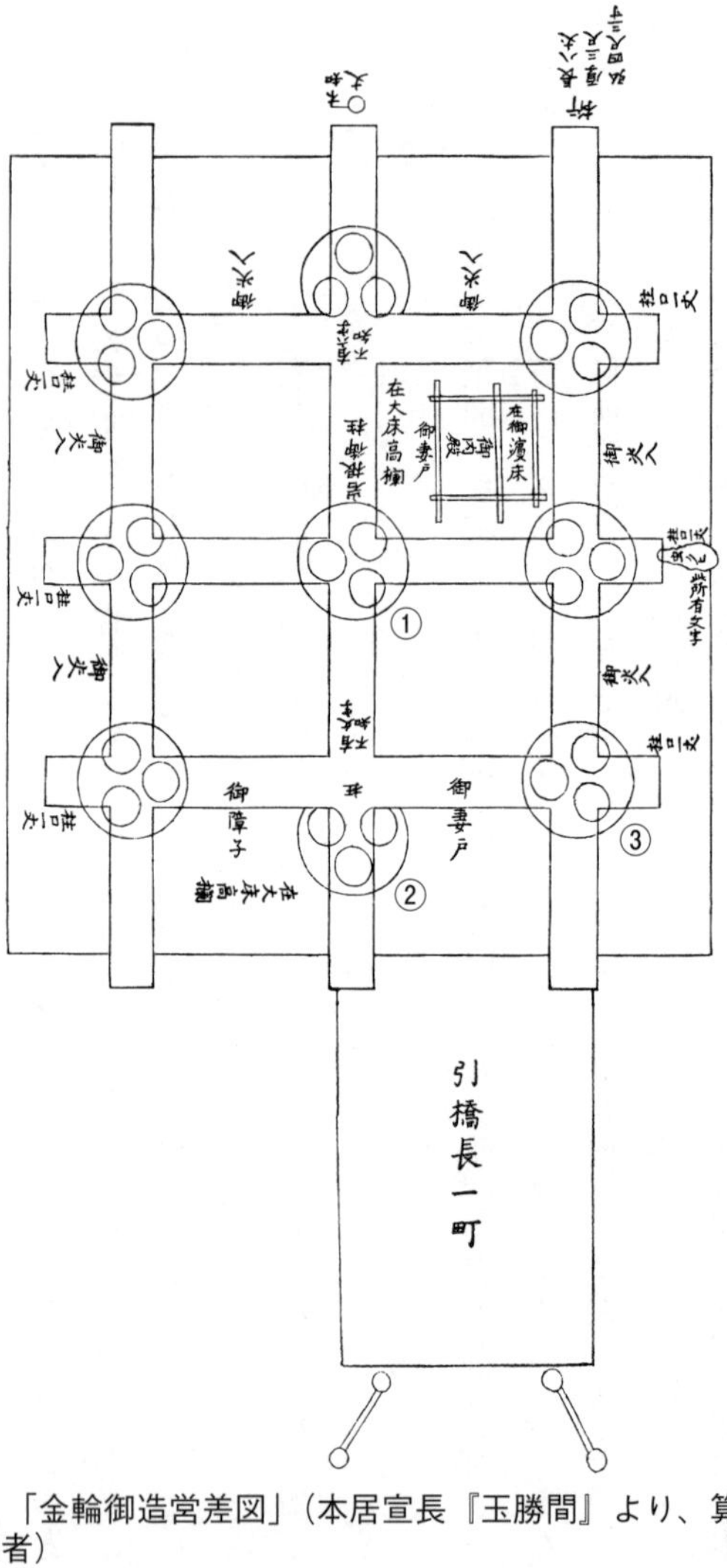

図2-9 「金輪御造営差図」(本居宣長『玉勝間』より、算用数字は筆者)

同時に、柱の加工や束ねるのに使われたと思われる手斧、鉄輪《かなわ》、長さ四〇センチメートルの釘などの鉄製品も発掘されました。

これを契機に建築学者、建築技術者、宮大工、鍛冶らがチームを組んで、「高さ十六丈（四八メートル）」の巨大神殿が現実味を帯び、その可能性が多方面から検討されました。その詳細が「NHKスペシャル　巨大神殿は実在したのか～古代・出雲大社のナゾ～」（二〇〇九年六月二三日放映）で報じられています。

結論は「高さ十六丈巨大神殿は実在した」です。

その一〇分の一の模型が、出雲大社に隣接する島根県古代出雲歴史博物館に展示されています。この模型自体見る者を圧倒する大きさなのですが、この十倍の大きさの神殿は想像を絶する大きさであり、鎌倉時代初期、大社に詣でた寂蓮法師（藤原定長）が「出雲の大社《おおやしろ》に詣て見侍りければ、天雲たな引山のなかばまで、かたそぎの見えけるなん、此世の事とも覚えざりけり」と感嘆した気持ちがよくわかります。

図2－10は高さ一六丈の中古出雲大社本殿（手前）と現在の本殿（奥）を比較したイラストです。その大きさを実感できるでしょう。

じつは、いまにして思えば、このような高層建築物は弥生土器に描かれていたのでし

図2-10　現在の出雲大社と中古出雲大社比較

図2-11　弥生土器に刻まれた絵画（米子市教育委員会所蔵、島根県立古代出雲歴史博物館提供、一部改変）

た。

図2－11は鳥取県稲吉角田《いなよしすみた》遺跡から発掘された弥生土器の上部ですが、ここに高床式の、階段の数から想像しますとかなりの高さと思われる建造物がはっきりと描かれていいます。私には、弥生人がこのような建造物を想像で描いたとは思えません。この地方に住んでいた弥生人が、上古の大社を実際に見ていたというのは飛躍した考えでしょうか。

巨大神殿建造のハイテク

いずれにしても、図2－10のような高さ四八メートルもの大神殿を建造した古代出雲人が高度の建築技術を持っていたことは事実です。

まず、図2－8の巨大三本柱を一本に束ねなければなりませんが、図2－9の「金輪御造営差図」や発掘された鉄輪、長さ四〇センチメートルの釘から、三本の柱が図2－12のような形状で束ねられたことは容易に想像がつきます。実際、白鷹鍛冶（第1章31ページ参照）が中心になって、それが試みられましたが、図2－12のような通常の釘では三本の柱がずれないようにしっかりと束ねることができませんでした。試行錯誤の結果、白鷹鍛冶がいきついたのが、図2－13に示すように、重ね合わせる鉄輪のずらした位置に釘穴を

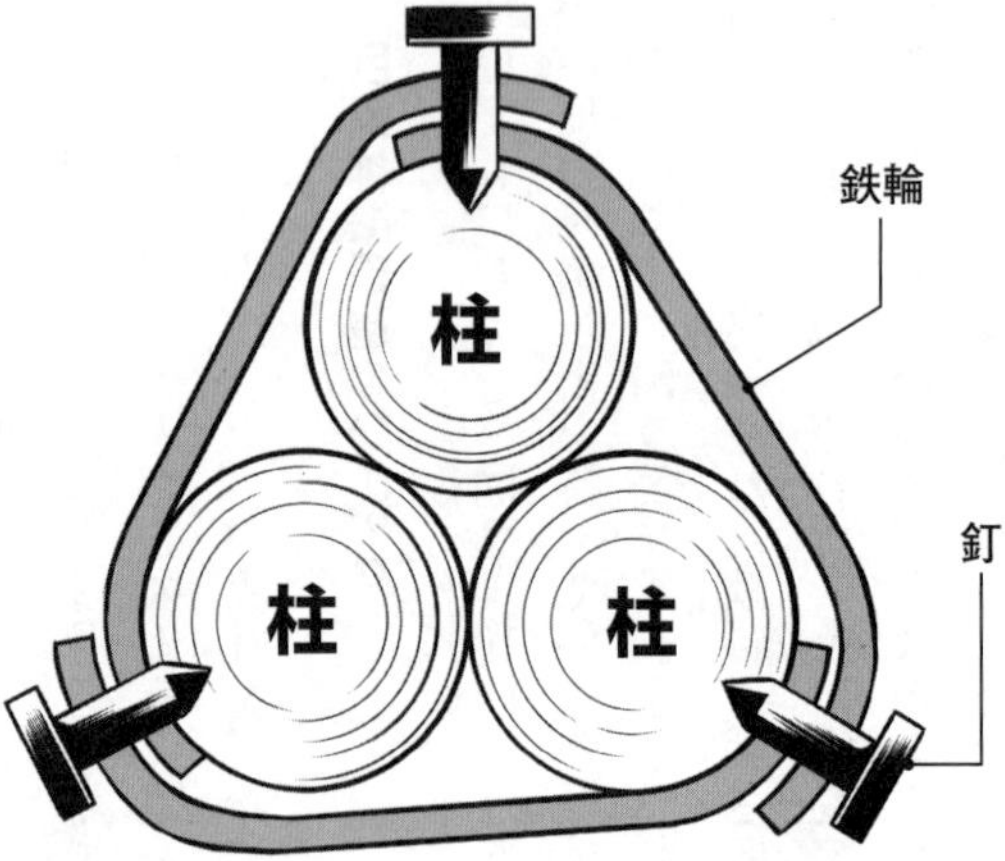

図2-12　鉄輪で束ねられた三本の柱

あけ、そこに楔形の大釘（長さ四〇センチメートル）を打ち込むことでした。

　このような工夫によって、三本の柱はしっかりと束ねることができました。中古出雲大社本殿を建造した出雲の工匠たちは高度の鉄技術とともに鉄輪で複数の柱をしっかりと束ねる智慧を持っていたのです。

　次に、三本の柱が束ねられた一本の巨大柱を立てなければなりません。前記「ＮＨＫスペシャル」での柱は実験用ですので、実際の四分の一の大きさでしたが、実物（図２－８）は一本の直径が約一・三五メートル、三本束ねた総径が約三メートルもあります。本殿の高さが四八メートルとすれば、柱の高さは三〇メートルほどになります。

この巨大柱をどのようにして立てたのかについては諸説あります。柱を引っ張るのに轆轤（59ページ参照）が使われた可能性はありますが、基本的には、図2－5で示したような方法で立てたのでしょう。

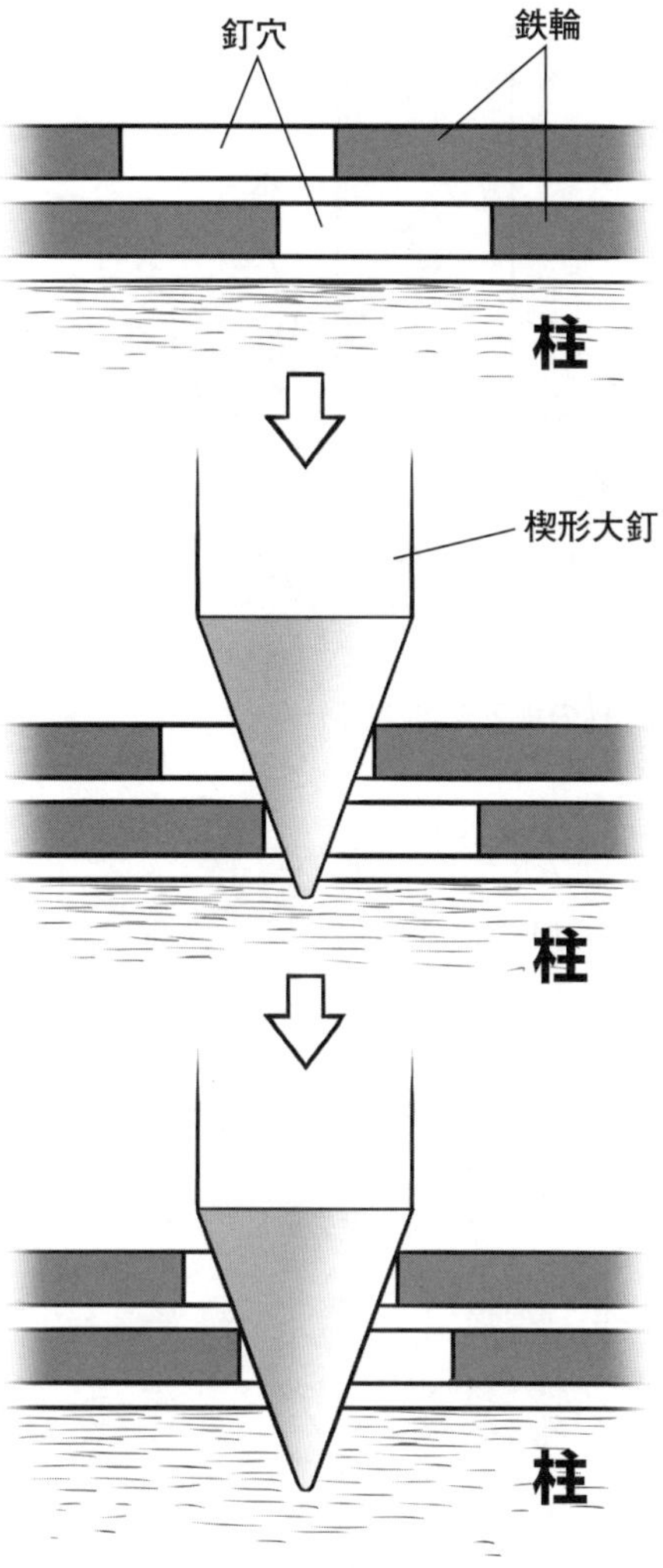

図2-13　楔形大釘による鉄輪の束ね

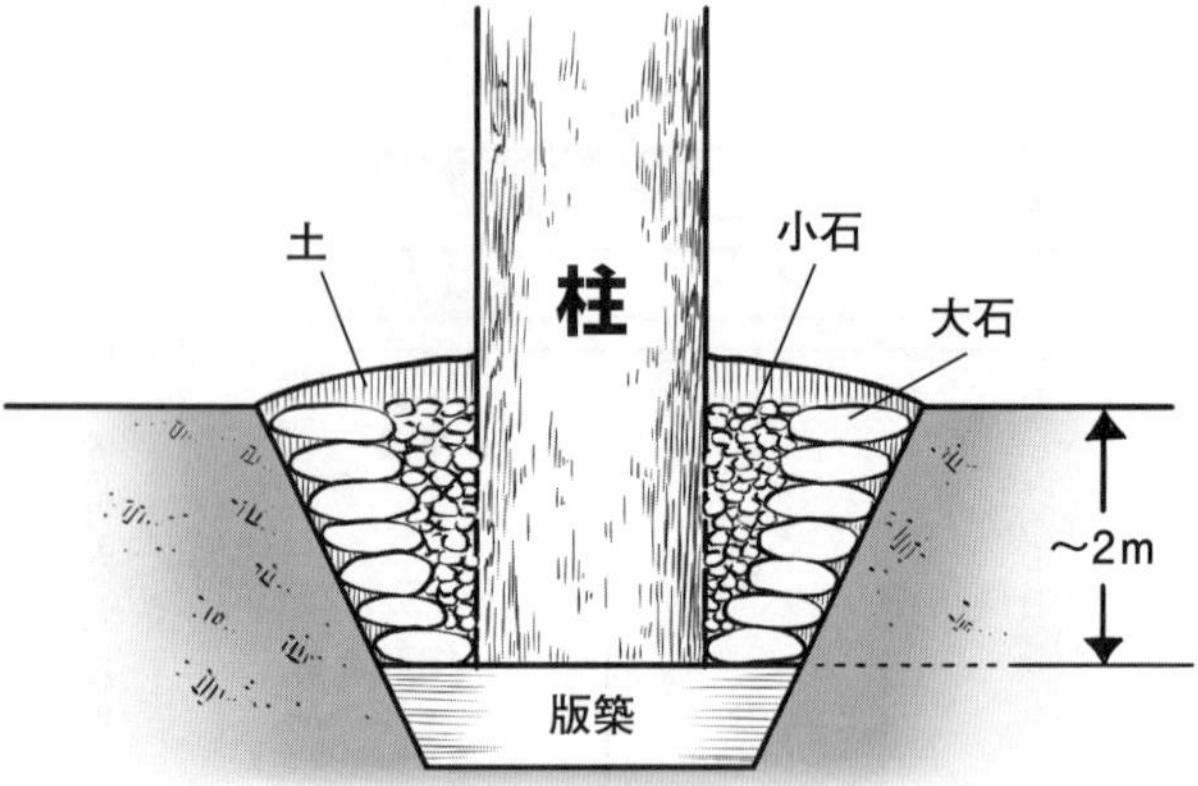

図2-14　巨大掘立柱の地下支持構造

この巨大柱は礎石を使わない掘立式なのですが、その掘立柱の根元部分はおよそ二メートルの深さの穴に埋められていました。穴の底の部分、つまり掘立柱の底部が接する部分は版築（52ページ参照）ですが、二メートルほどの土盛りで、総径三メートル、高さ三〇メートルの巨大柱を安定させるのは不可能です。そこで、先述の「NHKスペシャル」チームが種々の実験検証を重ねて到達したのが図2－14に示すような地下支持構造です。

底部を版築で固めたすり鉢状の穴の内壁に人の頭ほどの大きさの石を並べ、柱の周囲を小石で支えます。さらに石の間に土を入れ、上から固めることによって、巨大柱を安定させることができました。

ここで、興味深く思われるのは、高さ四八メートルの本殿（図2－10）を建てた鎌倉時代の工匠たちが、なぜ、柱の下に礎石を置かなかったのか、ということです。

柱下部の防腐の観点からいえば、礎石がある方がいいに決まっていますし、事実、飛鳥時代にはこの礎石を用いた建築方法がシナから伝わり、後述する法隆寺の五重塔の心柱は礎石の上に立っています。

つまり、鎌倉時代、高さ四八メートルの本殿を建てた工匠たちは、もちろん、礎石を使う建築技法を知っていましたし、実際、礎石の上に柱を立てた建築物をたくさん見ていたはずです。

この私の疑問に答えてくれるのが、出雲大社の「造営当時のものをできるだけ遺し、修理、補強して後世に伝える『蘇りの思想』」なのです。

ところで、日本のような地震国で、必ず問題になるのが、高層建築物の耐震性です。

先述の「NHKスペシャル」プロジェクトチームのメンバーであった、建築会社の技術者のCGを使った構造解析によれば、高さ四八メートルの本殿はマグニチュード七・三程度の地震の場合でも、柳のように揺れ、耐えることができるという結果が得られています。

日本の伝統的高層木造建築の耐震性については、次章の「倒れない五重塔」でもう一度触れることにします。

なぜ巨大神殿か

出雲大社の特徴は、何よりも、それが他の神社と比べ、とにかく巨大だということです。

拝殿を参拝する誰もの度肝を抜くのが、米俵よりもはるかに太く大きな注連縄《しめなわ》です。この注連縄は長さ一三メートル、太さ三メートル、重さ四・五トンという異常なほど巨大であるほかに、張り方も独特で、綯《なわな》いはじめが左で綯い終わりが右という、一般の神社とは逆の張り方になっています。この巨大注連縄は五〜六年に一度張り替えられるそうです。

一般的な出雲大社参拝者は「出雲大社」と書かれた大きな石柱の右にある「二の鳥居」から入りますので、あまり知られていないのですが、旧国鉄大社駅から参拝路を北へ行ってすぐにある宇迦橋のたもとに高さ二三メートルもの「一の鳥居」が立っています。この鳥居に掲げられた神額《しんがく》は畳六畳敷の座敷の面積に相当します。普通、下を車で通過してしまいますので巨大な鳥居に気づかないことが多いのです。

出雲大社（杵築大社）の創建については『古事記』、『日本書紀』、『出雲国風土記』に書かれており、それぞれ内容が若干異なるものの、共通しているのは、「国を譲った」出雲国と「国を譲られた（奪った）」大和朝廷との関係であり、「国を譲った」出雲国が巨大神殿の建立を求め、「国を譲られた（奪った）」大和朝廷がその要求に応じた、ということなのです。このことは、まさに「神話」の世界の話なのですが、ここまで縷々《るる》述べてきましたように、「神話」が単なる「話」ではなく「史実」であることを示す発掘を考えますと、「出雲大社の巨大神殿は大和朝廷の恐怖心の反映」や、「出雲には鎮魂のための巨大神殿が必要だった」という、複数の歴史家が述べている説に同感せざるを得ないのです。

いずれにせよ、縄文、弥生時代の日本には巨木文化が栄え、当時の日本人が巨木を伐採、運搬し、使いこなすだけのさまざまな技術を持っていたことは疑いのない事実です。

第3章

仏教伝来の飛鳥時代

仏教文化の導入

縄文、弥生時代から古墳時代を経て、日本の文化は大きく変わります。当時の世界の先進国であった隋、唐との折衝の中で、日本は政治、国の支配体制を含むさまざまな新しい文化を導入しました。本書が述べる日本の古代建築の観点からも、やはり、仏教の伝来が最大の影響を与えました。

紀元前六〜五世紀にヒマラヤ山麓の王族から出た釈迦が説いた仏教は、その後アジアの各地に拡がり、日本へは朝鮮半島の百済経由で五三八年（五五二年の説もあります）に伝わりました。

その仏教は、はじめ豪族たちに信仰され、七世紀はじめの飛鳥時代には、畿内の諸豪族が先祖の供養のための氏寺《うじでら》を競って建てたのですが、結果的に、このような寺の建立《こんりゅう》が日本の木造建築に大革新をもたらし、それが基本となって、今日まで日本の伝統的寺院建築として連綿と続いているわけです。

『日本書紀』によれば、五八八年、百済から日本へ僧と工人（寺工二名、鑪盤《ろばん》博士一名、瓦博士四名、画工一名）が派遣されたのですが、日本の草創期の寺院建築にこれらの技術者が果たした役割は甚大です。その後、日本の匠たちは、彼らの技術を手本としながらも独自の技を発展させ、世界に誇る木造建築を作り上げてきたのです。なお、鑪盤博士とは、仏塔の屋根上の相輪などの金属製部分を専門とする技術者と思われます。

蘇我氏が五九六年頃に完成させた飛鳥寺（別名法興寺、元興寺《がんごうじ》）が最初の氏寺で、直後の六〇三年に建立と考えられる弥勒菩薩で有名な広隆寺は秦氏《はたし》の氏寺です。

日本最古の瓦を持つ元興寺

都は飛鳥から藤原京を経て平城京へと遷るのですが、『続日本紀《しょくにほんぎ》』に七一八年、飛鳥の地にあった飛鳥寺を平城京に遷したという記録があります。

現在、奈良市にある元興寺は、飛鳥から平城京に遷された寺で（飛鳥には現在、安居院《あんごいん》と呼ばれる「飛鳥寺」も遺っています）、その移築は奈良時代ということになるのですが、元興寺が持つ日本の仏教建築史における重要性から飛鳥時代に含めることにします。

飛鳥から移転した頃の元興寺は、広大な境内と伽藍《がらん》（建物群）を持つ巨大寺院でしたが、いま、創建時の面影を遺すのは、いずれも国宝に指定されている極楽坊と禅室だけです。ここで特筆すべきは、およそ一四〇〇年前の瓦（第1章41ページ参照）、つまり日本

図3-1　元興寺禅堂の屋根瓦

最古の瓦が、いまでも現役として極楽堂西側と禅室南側東寄り屋根に大量に使われていることです。

図3－1はその禅室の屋根ですが、右側のモザイク状に見える瓦が、五九六年に創建された飛鳥寺から移築された瓦です。

私は、この瓦屋根を見るのが好きで、小林瓦博士と何度も元興寺を訪れたことがあります。その時の「飛鳥の工人はほんまにいい瓦を作っておりますなあ。われわれはとてもかないまへん」という小林瓦博士の言葉が、いまでもはっきりと私の耳に遺っています。一四〇〇年前、この瓦を蘇我馬子も見ていたんだなあと思うと感慨深いものがあります。

古来の伝統的屋根葺《ふ》きは〝本瓦葺《ほんかわらぶき》〟と呼ば

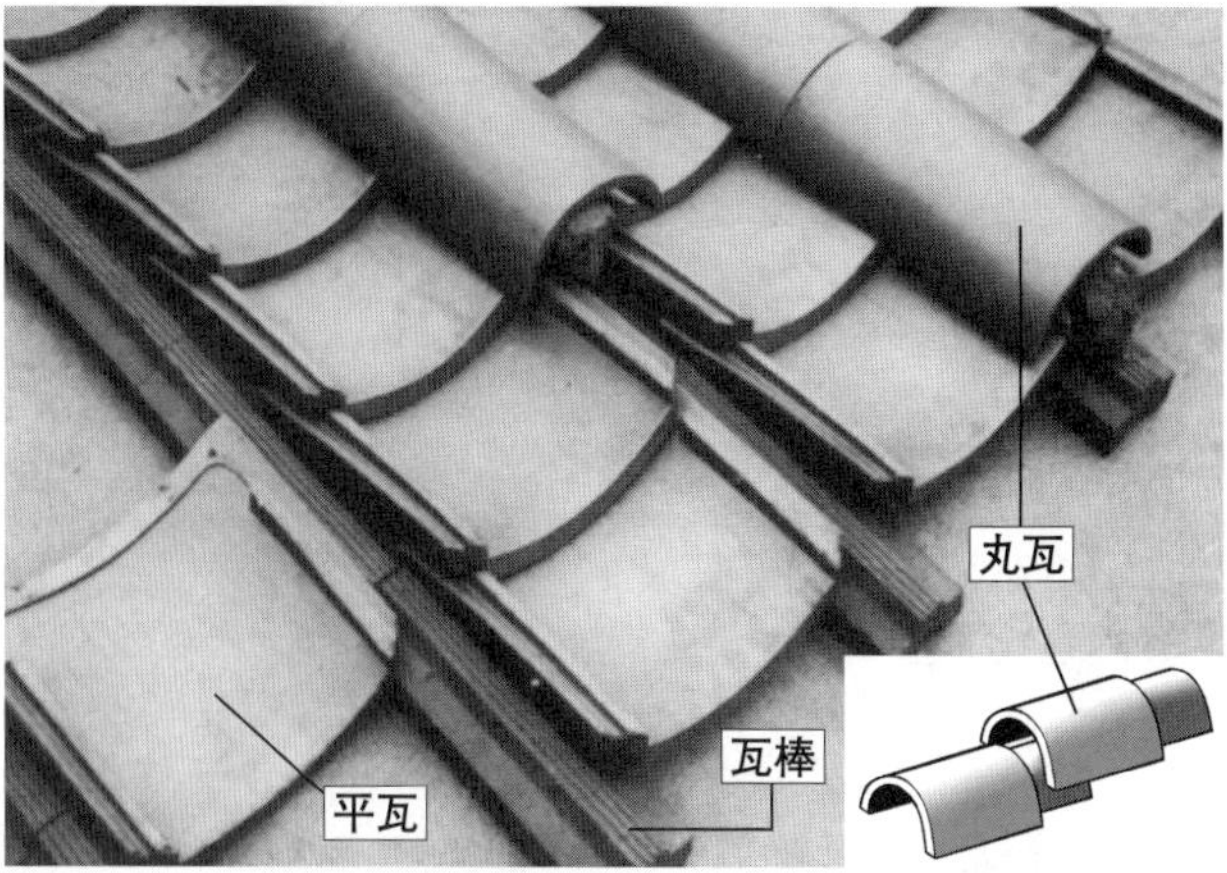

図3-2　本瓦葺きの平瓦と丸瓦（小林章男『葺上の跡』瓦宇工業所より）

れ、図3－2に示すような丸瓦と平瓦を合わせて一組として屋根を葺いていくものです。屋根の端には文様が付いた軒丸瓦と軒平瓦が置かれます。図3－1の屋根の右側（創建時の瓦葺き）と左側とをじっくり見比べてください。丸瓦の並びに何か気づきませんか。

右側の丸瓦の一枚一枚の間には陰がくっきり見えますが、左側の方には見えません。

左側は図3－2に示す一般的な本瓦葺で、丸瓦が重なる部分に凹みがあるため、重なる丸瓦に段差が生じないのです。ところが、右側に使われている丸瓦は図3－3に示すように、凹みはなく下方が末広がりになったもので、下方に置く丸瓦の細い方をおおうように順々に重ねて葺いていきますので瓦の厚み分

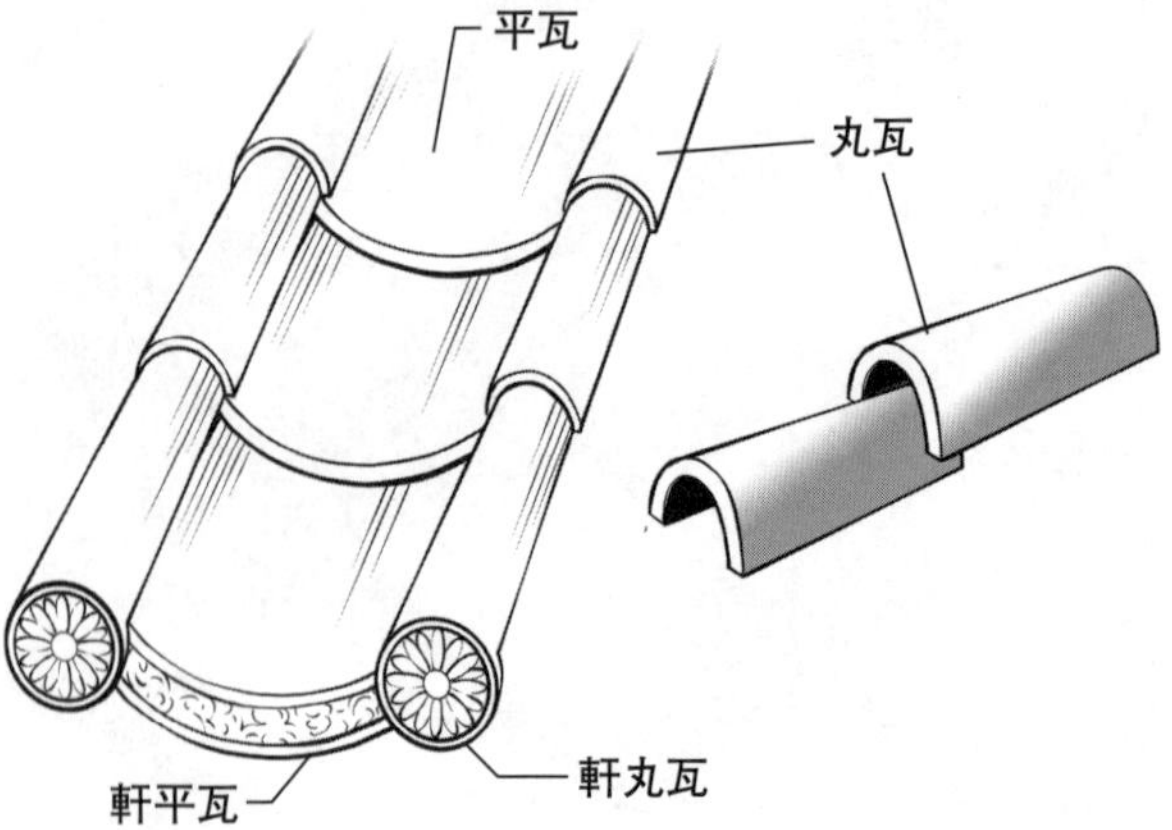

図3-3　行基葺

の段差が生じるのです。このような瓦の葺き方を行基葺《ぎょうきふき》といいます。

私が知る限り、行基葺が見られるのは元興寺、兵庫県の一乗寺《いちじょうじ》、大分県の富貴寺《ふきでら》と法隆寺に安置されている玉虫厨子《たまむしのずし》だけです。

ところで、行基葺の「行基」は、奈良時代、仏教を民衆に広めたことで知られる僧の行基なのですが、「行基葺」といっても行基がこの瓦の葺き方を発明したわけではなさそうです。おそらく、行基の功績を讃え、後世に付けられた名称と思われます。

もう一つ、元興寺で触れておきたいのは「五重小塔」のことです。

東門を入った左側（極楽堂の南側）にある総合収蔵庫に入るとまず目につくのが、中央に立つ高さ五・五メートルの五重塔です。

大型建造物を建てる際には、建築物の柱上にあって軒を支える斗《ます》や肘木《ひじき》などの組物や瓦葺きが精密な模型を製作するのが一般的です。例えば、後述する東大寺大仏殿では、精密な大仏殿の模型を見ることができます。

一八五九年の火災で全焼するまで、元興寺には推定五〇メートルを超える五重塔が建っていました。模型の「五重小塔」はこの実際の五重塔（五重大塔）のひな形と考えられていましたが、一九二七年の五重塔礎石測量調査結果の詳細な検討によって、「ひな形説」は否定されています。それでは、何のために作られた「模型」なのか、知りたくなるのが人情ですが、はっきりわかっていないのが現状です。

ともあれ、五重小塔は一見すると新しい模型のようなのですが、その部材の大半は奈良時代末のもので、建造物として国宝に指定されているのです。

なお、五重小塔の屋根は一般的な本瓦葺きです。また、創建時の五重大塔の瓦の詳細については不明であり、周辺の発掘調査でも行基葺瓦の出土がなく、平城京移転時には五重塔が新造であったことから、一般的な本瓦葺きだったのではないかと考えられています。

図3-4　法隆寺・東廻廊から見た金堂と五重塔

法隆寺は「世界最古の木造建築物」？

氏寺に対し、天皇、皇族が祈願をかけて建立されたのが官寺です。代表的なものが聖徳太子の建立と伝えられる四天王寺（五九三年）、そして法隆寺（六〇七年）です。

私はこれまでに数多くの神社仏閣を見て来ましたが、最も魅力を感じる寺といえば、それはやはり法隆寺（図3－4）で、いままでに訪ねた回数が最も多い寺社も法隆寺です。

法隆寺は一三〇〇年以上前に建てられた古《こ》刹《さつ》中の古刹で、世界最古の木造建築物を現世に遺しています。法隆寺の伽藍を見ると、えもいわれぬ感動に襲われ、静寂の中にも胸が熱くなる感じを覚えます。一三〇〇年以上もの間、颯爽《さっそう》と、凛として立ち続ける五重塔の美しさは格別です。

創建時の姿を保っている個々の建物とともに、総合的な伽藍のすばらしさ、風格となると、やはり、法隆寺の右に出る寺はないように思えます。また、建物自体のすばらしさとは別に、ここでは深く触れませんが、法隆寺の寺歴、縁起にも興味が尽きないものがあります。

一般的には「法隆寺は世界最古の木造建築物」として知られているのですが、いま述べましたように元興寺が五九六年に創建された飛鳥寺から移築されたということ、現に屋根瓦の多くがその創建時のものであることを考えますと、私は「法隆寺は世界最古の木造建築物」という表現にちょっと複雑な気持ちになるのです。

美しい仏塔

仏塔を建築様式で分けますと、多重塔と多宝塔に大別されます。

五重塔や三重塔に代表される多重塔は、飛鳥時代に朝鮮半島から日本へ伝えられたものです。

多重塔と聴いて、私たちの頭にすぐに浮かぶのは五重塔でしょう。実際、五重塔は多重塔の代名詞といってもよいのですが、意外なことに、日本の木造多重塔で最も数が多いのは三重塔です。一説には、江戸時代以前に建立された五重塔は二二基、三重塔は一〇五基といわれています。

七〇八年に完成した奈良・発起寺の三重塔（図3－5）は、過去一二六二年、一六七八年の二回にわたって大修理を施されていますが、法隆寺の五重塔に匹敵する日本最古の三重塔です。

姿の優美さやその歴史によって、一般的に最も人気がある三重塔は薬師寺の東塔ではないでしょうか。第1章でも簡単に触れましたが、七三〇年建立の東塔は薬師寺創建当初の唯一の遺構です。現在は解体修理中で確認できないその姿は各層に裳階《もこし》が付けられているので六重塔に見えますが、れっきとした三重塔です。

また、五重塔に代表される仏塔の姿、形の美しさには、見るたびにうっとりさせられます。そして、後述するような、その構造の巧みさ、雄大さを知れば知るほど、そのような仏塔を建てた古の匠たちに畏敬の念を抱かざるを得ません。

いままでに数十という仏塔を見て来た中で薬師寺の東塔、室生寺の五重塔、山口・瑠璃光寺の五重塔などは、特に素晴らしく感じられます。それらの五重塔に共通するのは優美

図3-5　日本最古の三重塔（法起寺）

さ、上品さでしょうか。京都・醍醐寺の五重塔は法隆寺、瑠璃光寺の五重塔とともに「日本三名塔」の一つに数えられているだけあって、その堂々とした姿と渋い色合いには格別のものがあります。

また、現存する仏塔の中で、日本最高、最大の京都・東寺の五重塔は何度見ても、その迫力に圧倒されます。

それから古刹《こさつ》というわけではないのですが、青森市にある青龍寺の五重塔は特筆に値します。一九九六年に落慶法要した新しい五重塔ですが、日本古来の木造建築技術を持つ数少ない宮大工の一人で、当時九〇歳を超えていた大室勝四郎棟梁が渾身の思いで建てた、総高三九・一メートルの、平成の堂々たる五重塔です。

　高さとしては、前述の東寺（五四・八メートル）、興福寺（五〇・一メートル）、香川・善通寺（四五・五メートル）に次ぎ、日本で四番目です。建立当時、若々しかった青森檜葉《ひば》の無垢な白い木肌もいまは味のある飴色に変わっていますが、杉木立の山を背景に、青龍寺五重塔は凛として立ち、その姿は日本伝統の美を誇っています。

図3-6　日本最古の多宝塔（石山寺）

　一方、多宝塔は、初重は五重塔や三重塔と同じ四角い形をしていますが、二重（上層）の胴が丸いのが特徴です。その円筒状の二重に四角い屋根が乗っています。鎌倉・室町時代によく作られた仏塔です。

図3-6は滋賀県大津市にある紫式部『源氏物語』執筆の伝承で有名な石山寺にある一一九四年建立の多宝塔で、年代が明らかなものとしては日本最古のものです。源頼朝が寄進したといわれています。高さは約一七メートルで、例えば高さ約五〇メートルの高野山・金剛峯寺の根本大塔(多宝塔)と比べればかなり小さいのですが、美しさや軽快さでは国内屈指の多宝塔で、私も特に好きな多宝塔です。

ちなみに、金剛峯寺の最初の根本大塔は、空海が八一六年に高野山開創の勅許を受けた時に建立に着手し、空海没後半世紀を経て完成したようですが、現在の建物は一九三七年に再建されたもので、外壁の朱色はまだ鮮やかに残っています。石山寺の多宝塔や現存する仏塔も創建当時は、この根本大塔や後述する薬師寺西塔のように鮮やかな彩色が施されていたようです。

父親の松浦知次棟梁とともに多くの多宝塔の保存修理工事に従事した松浦昭次棟梁が自著『宮大工と歩く千年の古寺』(祥伝社)の中で、多宝塔の魅力と難しさについて語っています。

魅力は四角い初重の上に屋根が乗り、その上に円筒形の胴、その上の四角い屋根、これらの構造物のバランスだといいます。確かに、バランスのよい多宝塔は三重塔、五重塔とはまったく趣の異なる美しさを感じさせてくれます。しかし、多宝塔を建てる大工、棟梁の立場からいえば、多宝塔の構造はきわめて複雑で、伝統的木造建築技術の粋が注ぎ込まれているそうです。

二重は胴の部分が丸くなっているため、その丸い部分にかからないように肘木を通すために、くの字型の肘木が何本か使われています。素人考えでは、二重の胴の丸く膨らんだ形を作るのが難しそうですが、それはあまり難しくなく、竹などを丸く編んで下地を作り、その上から漆喰《しっくい》を塗ればよいのです。しかし、構造的には難しくないといっても、そこは雨にあたりやすい所なので、防水のための別の難しさがあるといわれます。

なぜ、このように複雑な構造にしなければならなかったのか。

松浦昭次棟梁は「現代の宮大工の私には見当もつかないことですが、この複雑な形が多宝塔の美しさを引きたてると同時に、『一度は自分でも作ってみたいものだ』という思いを掻《か》きたてられてしまうのです。一人で多宝塔ができたら宮大工も一人前」と語っています。

唯一の木造十三重塔

多重塔の層の数はいずれも、易学において「陽」とされている奇数になっています。

先ほど「木造多重塔では三重塔が一番多い」と書いたのですが、石造になると三重や五重はあまりなく、ほとんどは十三重です。石造十三重塔の中で圧巻と思うのは、京都・宇治平等院の近くの宇治川・塔の島にあるものです。これは現存する日本最古、最大の石塔で、高さは約一五メートルあります。一二八六年、西大寺の叡尊《えいそん》が宇治川での魚類殺生の罪を戒め、供養塔として建立したものです。

宇治川の洪水による倒壊と修復を繰り返し、一七五六年の大洪水による流出以降約一五〇年間、川中に埋没していた石を発掘して、一九〇八年に再建したのが現在の十三重塔です。

ちなみに、私はまだ実際には見たことがないのですが、石川県の小松天満宮に一六五七年に建立された、高さ約七メートルの石造十五重塔があるそうです。多重塔の中で存在が確認されている最多重は十五重だと思われます。

木造十三重塔となりますと、日本はもとより世界で現存するのは一塔しかありません。

奈良県桜井市、多武峰《とうのみね》の談山神社《たんざんじんじゃ》にある十三重塔（図3－7）です。

藤原氏の祖である中臣鎌足の死後の六七八年、唐より帰国した長男の僧・定慧《じょうえ》和尚がそれまで摂津国阿威山《あいやま》（現在の大阪府高槻市）にあった鎌足の遺骨の一部を現在の地に移し、十三重塔と講堂を建立します。そして妙楽寺《みょうらくじ》と称されました。さらに、七〇一年、鎌足公の御神像を安置する聖霊院（現在の本殿）を建立し、これが談山神社のはじまりです。

「談山」の由来については、六四五年、中臣鎌足と中大兄皇子《なかのおおえのおうじ》が「大化の改新」の談合をこの多武峰で行ない、後に「談い山《かたらいやま》」と呼ばれるようになったという伝承があります。以来、妙楽寺と談山神社が共存していたのですが、明治維新時の「廃仏毀釈」「神仏分離」によって妙楽寺の名前が消え、現在は談山神社と呼ばれています。

創建時の十三重塔は戦乱のために一一七三年、一五〇六年に二度焼失し、現在の塔は一五三二年に再建されたものです。その後、数回の修理を受けています。近年では一九〇四年に解体修理、一九六六年に屋根葺き替え、土台・床取替えなどの修理工事、さらに二〇〇六～二〇〇七年に「平成の大修理」を受け現在に至っています。

総高約一七・五メートル、屋根は伝統的な檜皮葺で、背景の木々にじつによく溶け込ん

図3-7　談山神社十三重塔

でいます。初重の軒高は約二メートルで、二重から一三重までは約〇・九～〇・七メートルです。

図３－７を見るとよくわかりますが、初重は二重以上と比べると特に大きく作られており、これは鎌倉期に建立された仏塔の一つの傾向です。つまり、この十三重塔の創建は飛鳥時代の六七八年ですが、何度目かの再建の際、創建時の形式から新しい鎌倉時代の形式に変えたのではないかと推測されます。

いずれにしましても、二重から上の屋根が軽快に重なり合い、五重塔や三重塔とははなはだ異なる趣のすばらしい塔です。私が談山神社を訪れたのは初春の霧雨が降る日でしたが、かえって、晴天の日とは異なるしっとりとした情緒を味わうことができました。

ところで、神社に仏塔があることを不思議に思う読者がいるかもしれませんが、どのような民族であれ、神々は土着の素朴な信仰であり、日本においても「八百万の神」は自然な信仰対象でした。六世紀に仏教が伝来してからは、「日本の神道」と「日本の仏教」が混淆《こんこう》し「神仏習合（神仏混淆）」という信仰体系が形成されたのです。

特に奈良時代以降、神仏関係は次第に緊密化し江戸時代に至っていました。したがって、神社に仏塔があることはごく自然なことであり、実際、いま述べました談山神社のほかに日光東照宮、出羽三山神社、後述する厳島神社などには立派な五重塔が建っています。

むしろ神社に仏塔があることを不自然に感じるのは、明治維新後の「廃仏毀釈《はいぶつきしゃく》」「神仏分離」以降の、ごく最近のことなのです。

談山神社の十三重塔は談山神社のシンボル的存在であると同時に、神仏習合時代の名残《なごり》でもあります。

高さ一〇〇メートルを超える巨大仏塔

日本に現存する木造の多重塔は五重塔と三重塔、そして奈良・談山神社の十三重塔一塔のみですが、過去には七重塔、九重塔なども建てられたことが記録に遺されています。史料や基壇跡から判断すれば、想像を絶する高さの仏塔もあったことがわかります。前述のように、現存する最高の仏塔は東寺の五重塔（五四・八メートル）ですが、かつては、その二倍近い高さの仏塔がそびえていたのです。

一三四〇年の『院家雑々跡文』という史料には、

春日東御塔五重塔	高一七丈
興福寺五重塔	高一五丈
東大寺七重塔	高三二丈
法勝寺八角九重塔	高二七丈
東寺五重塔	高一六丈
宇津宮十三重塔	高一六丈

と、京都、奈良周辺のものと目される仏塔の高さが記されているそうです（上田篤編『五重塔はなぜ倒れないか』新潮選書）。法勝寺の八角塔は当初、七重塔でしたが、すぐに二重が組み上げられて九重塔になったといわれます。

一丈はおよそ三メートルですから、東大寺七重塔は約九六メートル、法勝寺八角九重塔は約八一メートルの高さということになります。また、室町時代後期の臨済宗の僧、相国寺八二世・景徐周麟《けいじょしゅうりん》が書いた文献『翰林葫蘆集《かんりんころしゅう》』には、室町幕府三代将軍・足利義満が建立した「高さは三六〇尺（約一一〇メートル）」という相国寺七重塔の記録が遺っています。じつに、高さ一〇〇メートルを超える仏塔が、古代日本には存在していたのです。

東大寺大仏殿の大仏の背後に、東大寺の模型がいくつか並んでいますが、そこで、大仏殿の両側に位置していた七重塔（東塔、西塔の二塔）の模型を見ることができます。この七重塔が建てられたのは聖武天皇（在位七二四〜七四九年）の時代で、その東西両塔は約四〇〇〇年の間、存在していたといわれます。

当時の人びとが、その高さの東西両塔が並ぶ様子にどれだけ驚いたことか。私自身が、五〇年近く前に、高さ一四七メートルの日本最初の超高層ビル・霞ヶ関ビルを見た時の驚きを思い出しますと、まさに想像を絶するものがあります。

ちなみに、二〇一六年四月二二日、東大寺境内発掘調査団が、東塔跡から「七」の模様がある丸軒瓦を出土したと発表しました。これは、七重塔に使われた瓦の一部と考えられています。

また、奈良県桜井市にある吉備池《きびいけ》の護岸工事をきっかけとする発掘調査が一九九七〜二〇〇一年に奈良文化財研究所などによって行なわれましたが、一九九八年三月一二日、吉備池廃寺と名付けられた寺院跡で巨大な建物基壇が発見されました。

この発掘調査で明らかになった塔の基壇は約三二メートル四方、法隆寺の四倍ほどの大きさ、同時代の例からみて破格の規模で、これは高さがおよそ九〇メートルの九重塔と推定されています。現在の建築のほぼ三〇階建てに相当します。

じつは『日本書紀』の「舒明天皇一一（六三九）年条」に「秋七月、詔して、『今年、大宮と大寺を造らせる』といわれた。百済川のほとりを宮の地とした。西国の民は大宮（百済宮）を造り、東国の民は大寺（百済大寺）を造った。……十二月、百済川のほとりに九重《ここのこし》の塔を建てた」（宇治谷孟『日本書紀（下）全現代語訳』講談社学術文庫）という記述があるのです。つまり、『日本書紀』に記述されていたとおり、百済大寺の九重塔が実在していたことになります。

発掘調査の結果、この九重塔の建造にあたっては、飛鳥時代の他の塔と比べると少々異なる技術が使われていることがわかりました。

基壇は構造物の重量を支えるために、ある深さまで掘り下げて、版築（第2章52ページ参照）によって固める（「掘込地業《ほりごみじぎょう》」と呼ばれます）のが一般的ですが、百済大寺九重塔ではこのような基礎工事が行なわれていません。

飛鳥時代の塔は掘込地業を施して心礎を置き周囲を版築して固め、基壇の中に心礎が完全に隠れる「地下式心礎」が一般的ですが、百済大寺九重塔の心礎は基壇表面に露出していた可能性が高いのです。これは、塔の魂ともいうべき仏舎利格納に対する考え方の違いによる結果ではないかと思いますが、詳細についてはわかりません。

また、百済大寺九重塔の基壇が三層からなっていることも特徴的です。

心礎は高さ約一・五メートルの最下層の西側に付けられた約二〇度の傾斜面上をコロを使ってロープで基壇中央部まで引き上げられた後、中間層を版築して周囲が固められ、最後に表面層を積み上げたと考えられます。

塔の中心に位置する心柱《しんばしら》の構造的安定性、耐腐食性の観点からいえば、このような状態に設置された心礎は地下式心礎と比べ一長一短です。

いずれにしましても、コンピューターも大型クレーンも大型機材もない飛鳥時代の工匠が、いかにして高さ九〇メートルもの巨大仏塔を建てたのか。私はひたすら、彼らの智慧と技に畏敬の念を抱かざるを得ないのです。

倒れない五重塔

日本の歴史上、木造の仏塔は全国に五〇〇以上あり、それらの多くは兵火や雷火、失火、放火などによる焼失と建て替えを繰り返してきました。実際に存在した仏塔の数はそれよりも何倍か多かったと考えられます。明治元（一八六八）年には、明治政府によって〝廃仏毀釈〟政策が実施され、全国的に多くの寺院、撞鐘、半鐘、仏像などが破壊されています。

このように、日本では過去、数百という数の仏塔が失われているのですが、雷火のような天災による焼失は仕方ないとしても、兵火や廃仏毀釈のような〝人災〟によって、数多くの日本の伝統的建築物が破壊されたのはまことに残念なことです。いずれも、歴史の流れの中の〝事件〟あるいは〝愚行〟として諦めるほかはありません。

歴史が証明しているように、人間が〝愚行〟を犯すのは不可避なようです。地球上の生物の中で、愚行を犯すのは人間だけです。

余談ですが、アフガニスタンの山岳地帯に位置するバーミヤン渓谷の古代遺跡群の巨大仏像二体が、二〇〇一年、占領したタリバーンによって「イスラムの偶像崇拝禁止の規定に反している」として無残にも破壊されたのはまだ記憶に新しいことです。

当時、日本を含む世界中の良識ある国々がタリバーンの野蛮な愚行を非難したのですが、この時、私はほんの一五〇年ほど前に、日本人自身が行なった廃仏毀釈という愚行のことを思い出し、「日本人は大きなことをいえないのではないか」と思っていました。

さて、過去、数百におよぶ仏塔が破壊された歴史があるわけですが、世界に名だたる地震国の日本にあって、木造の高層建築物である木塔が、地震に倒されたことがほとんどない（一説には、過去二例）のです。これは驚くべきことです。一九二一年、六基の五重塔について震動測定実験を行なった東京帝国大学地震学教室・大森房吉教授は「五重塔を倒すほどの地震は存在しない」と報告しています（前掲『五重塔はなぜ倒れないか』）。

世界「最古」の木造建築である法隆寺の五重塔はじめ、高さ約九六メートルの東大寺七重塔などの〝超高層〟木塔が奈良・京都の都にそびえたっていた頃、その地域を襲ったマグニチュード六以上の地震は約二〇〇回におよんでいるのですが（国立天文台編『理科年表』丸善)、それらの大規模地震を経てなお、古都にそびえる木塔は倒れなかったのです。

鴨長明が『方丈記』に記している一一八五年の京都を襲った大地震は、白河にあった法勝寺にも大きな被害を与え、周囲の築地塀《ついじべい》がすべて倒れ、諸門、金堂の回廊が倒壊し、阿弥陀堂も大破しました。高さ約八一メートルの八角九重塔も相輪が折れ、屋根瓦がすべて落ちるという被害を受けましたが、塔自体が倒壊することはなかったのです。

一九二三年九月一日、関東地方を襲った関東大震災の際には、二五万四〇〇〇余の家屋が全半壊しましたし、当時のシンボル的高層塔である高さ約五二メートルの浅草・凌雲閣(通称〝十二階〟)も崩壊しました。この関東大震災の惨状について、私は当時六歳だった母から直接体験を聴いています。しかし、この時も、木塔は一基も倒れていないのです。

未曾有の被害をもたらした二〇一一年三月一一日の東日本大震災の際にも、仏塔が倒れたという報告はありませんでした。

また、二〇一六年四月一四日、熊本県を中心に震度七の大地震(平成二八年熊本地震)が発生しました。九州地方には熊本県玉名市の誕生寺と大分県玉名市の大建寺に五重塔があります。いずれも〝平成の五重塔〟、〝昭和の五重塔〟と呼ばれる〝現代の五重塔〟とはいえ、純木造です。熊本市からおよそ二〇キロメートルに位置する誕生寺の高さ三五メー

図3-8　台風7号（1998年9月22日）の被害を受けた室生寺五重塔（写真提供：共同通信社）

トルの木造五重塔は大地震の揺れにも耐え、倒れることはなかったのです。

このように、歴史上、日本の木塔が地震で倒れたことは皆無といってよいのです。暴風で倒壊した例もなく、木塔の崩壊は火災による焼失がほとんどです。前述の法勝寺・八角九重塔も火災による焼失です。民家の失火から飛んできたほんの小さな火の粉のために焼けた様子が、一四世紀後半に成立した『太平記』巻二一に臨場感あふれる筆致で書かれています。この時、知恩院の五重塔、醍醐寺の七重塔も同時に焼けたようです。

私自身が〝倒れない五重塔〟を目の当たりにしたのは、室生寺五重塔が一九九八年九月二二日、台風七号のために大きな被害を受けた時です。

室生寺は奈良県の室生山の斜面にある寺で、森に包まれるように五重塔や金堂などの伽藍が配置されています。奈良時代末期か平安時代初期に建立されたといわれる五重塔は、屋外に建っている塔としては日本で一番小さく、高さは約一六メートルです。

室生寺は「女人高野」と呼ばれているのですが、この五重塔はまさに天女のような端麗な容姿です。階段の下から仰ぎ見る五重塔は、杉木立に溶け込んでいるかのごとく美しいのです。

この五重塔が、台風七号のために痛々しい姿（図3－8）になりました。

太さ一・五メートル、高さ四五メートル、樹齢六〇〇年の杉の巨木が西からの強風で根こそぎ倒れ、五重塔の西北の五重から初重までの庇《ひさし》を見るも無残な姿に破壊したのです。

この台風の直後、私は現場に駆けつけ、倒れた杉の大木と〝半身創痍《そうい》〟の痛々しい五重塔を自分の目で見たのですが、あらためて〝倒れない五重塔〟に感動しました。台風による強風で杉の大木は倒されましたが、可憐な室生寺五重塔は持ちこたえたのです。

室生寺五重塔は、松田敏行棟梁らによって、二年後の二〇〇〇年一〇月に見事に修復されました。

五重塔の柔構造

一〇〇メートル近い高さの木塔はなぜ倒れないのでしょうか。

以下、地震や強風で倒されることがない日本の木塔の構造を検討するにあたり、五重塔を木造多重塔の代表として話を進めることにします。

日本の五重塔は、例えば、唐・長安（現在は西安）の大雁塔《だいがんとう》や小雁塔《しょうがんとう》のような空筒構造の楼閣式仏塔とは異なり、上層に登るような構造にはなっていません。もういまから三十年近く前になりますが、実際に西安の大雁塔に登ったことがあります。日本の五重塔で、人間が入れる（入る）構造になっているのは初重のみで、初重には通常、本尊や四仏像などが安置されています。

日本の五重塔が楼閣や展望台のような実用的目的を持たないのは、これらの仏塔が純粋に仏教上の卒塔婆《そとば》（仏陀の骨や髪または一般に聖遺物を祀るための建造物）であり、同時に〝見られる〟ことを目的とする建築物だからです。

私は、青森・青龍寺、香川・善通寺の五重塔の中に入れてもらい、五重まで登ったことがありますが、五重塔の中は木組みの塊《かたまり》です。二重あたりは多少、空間的な余裕があって立つこともできますが、上層へ登るにつれて木組みが密集し、腰をかがめないと動きがとれません。

地震や強風に強い木塔の秘密の一つは、この〝木組み〟にあります。

関東大震災の後、日本の建築・土木学界では、耐震性の建築物は「剛構造」であるべきか、あるいは「柔構造」であるべきかの論争が続きました。

剛構造とは、建築物をできるだけ剛、堅固に設計したほうが地震に対して安全であるという耐震設計思想に基づく、常識的でわかりやすい構造方式です。設計手法も力学的に単純であるため、一九六〇年代後半に超高層ビルが出現するまで、すべての建物に耐震壁や軸組みに斜材（筋交《すじかい》）を設けて、地震力に対する変形を極力少なくしようとする剛構造設計思想が取り入れられていました。簡単にいえば、剛構造は鉄筋コンクリート作りで、骨組みも壁も強くして地震の揺れに対抗しようという考えの建物です。

剛構造のビルはどうしても重くなります。強くしようとすればするほど重くなります。その重さに耐えようとすれば、さらに強くしなければならず、またさらに重くなってしまうというジレンマが生じます。

一方の柔構造は、建物に十分しなやかな変形能力を与え、建物の揺れの周期を長くし、作用する地震力を全体として小さくしようとする構造です。つまり「柳に雪折れなし」の思想であり、地震からみれば「暖簾《のれん》に腕押し」「糠《ぬか》に釘」ということになります。

じつは、五重塔に限らず、日本の伝統的木造建築のすべてにいえることですが、それらの木組みには〝遊び〟（隙間）があり、その〝遊び〟が地震や風のエネルギーを吸収してしまう柔構造になっているのです。

さらに、五重塔の構造の大きな特徴は、中心を貫く心柱以外に各重を貫く〝通し柱〟が一本もなく、建物全体は構造的につながっていないことです。つまり、五重塔の各重は鉛筆のキャップあるいは帽子が五個積み重なったような〝キャップ構造〟になっていて、地震による地面の横震動が上層に伝わりにくいのです。

西岡常一棟梁は、地震の際の五重塔の揺れについて「法隆寺の金堂の調査をしているときに地震がありまして、揺れましてん。塔、どないなるかとすぐ外へとんで出て見たんですわ。そしてじっと見ていたら、そりゃあ器械ではかったわけやないからはっきりとはいえんけれども、初重がこう右に傾けば、二重が左に傾く。二重が左に傾けば、三重は右に傾く。たがいちがい、たがいちがいに波を打つようになった。各重がたがいに、反対に動きよる。ということは中心は動いとらんわけでしょう。側だけが動いている。ああいうので塔が地震に強いのじゃないかと思います」（西岡常一・高田好胤《こういん》・青山茂『蘇る薬師寺西塔』草思社）というきわめて興味深いことを述べています。

五重塔が地震や強風に強いのは、木組みの〝遊び〟と〝通し柱〟がないキャップ構造による柔らかくしなやかな〝柔構造〟の賜《たまもの》なのです。

現代の建築設計の通念は、低中層ビルの場合は剛構造が有効ですが、超高層ビルはどうしても柔構造でなければならないということです。事実、現代の日本の超高層ビルはすべて柔構造で建てられています。現代の超高層ビルに取り入れられている柔構造の原理も、最先端の免震・制震装置も、すべて、はるか一三〇〇年以上前の飛鳥時代の匠の智慧と経験に、その原点を求めることができるのです。

西岡棟梁が「ビルでもこのごろは軟（柔）構造ということがいわれますけれども、もう千三百年前にちゃんと塔は、いまでいう軟（柔）構造にできてるということですわ」（前掲『蘇る薬師寺西塔』）といっていますが、まさにその通りです。

五重塔の心柱

二〇一二年五月、高さ六三四メートルの東京スカイツリーが着工以来およそ四年を経て開業しました。高層建築物としては、現在、ドバイにそびえたつ八二八メートルの「ブルジュ・ハリファ」が世界一の高さですが、〝塔〟としては東京スカイツリーが世界一の高さを誇ります。

この東京スカイツリーには、足元からてっぺんまで日本企業の材料から施工、通信設備までさまざま分野の最先端技術の粋が集められているのですが、じつは、そこに使われているのは〝現代の日本の最先端技術〟だけではないのです。

世界有数の〝地震国〟日本の高層建築技術の中で最も重視されるのは、いうまでもなく免震、制震構造技術です。

免震構造とは、地震のエネルギーをできるだけ建物に取り込まないようにする工夫で、地盤と建物との間に緩衝装置を挿入することによって、地震エネルギーの建物への伝播を抑制する構造のことです。また、制震構造とは、建物の揺れを制震機構の導入によって抑制しようとする構造のことで、主に風に対する揺れや地震時の揺れを防ぐ目的を持っています。

東京スカイツリーには、塔の中心に鉄筋コンクリート製、高さ三七五メートルの〝心柱〟を挿入した「世界初」の制震システムが使われています。この心柱はツリー本体とは分離した形で立っていて、地震や強風で本体が揺れる際に、本体とは異なる動きをして、結果的にツリー全体の揺れを抑えるはたらきを果たすのです。

いま、私は、超高層建築物におけるこの〝心柱制震システム〟を「世界初」と書いたのですが、じつは、このような〝心柱制震システム〟は、法隆寺五重塔をはじめとする日本古来の木塔に必ず使われた「古代日本が誇る伝統的技術」なのです。〝心柱〟という言葉を見て、記憶力のよい読者は57ページの図2－5を思い出すのではないでしょうか。

先ほど、五重塔が地震や強風に強いのは、木組みの〝遊び〟と〝通し柱〟がないキャップ構造による柔らかくしなやかな〝柔構造〟の賜と述べたのですが、じつは、決定的な役割を果たしているのが、この心柱なのです。

五重塔の中心を貫く〝大黒柱〟が心柱です。

法隆寺五重塔の心柱に使われたのは、樹齢二〇〇〇年以上、根元の直径が二・五メートル以上の檜です。この檜の大木を真ん中から縦に四つ割りにし、それを断面が八角形になるように削られたものが使われています。一番太い最下部の直径は約八〇センチメートルです。

法隆寺五重塔の心柱の全長は、塔高と同じで約三二メートルですが、それは長さ約一六メートルの八角形の二本の部材をつないで作られています。

五重塔の心柱は、まさに〝大黒柱〟と呼ぶにふさわしいきわめて重要な柱なのですが、じつは、この心柱は屋根の上の相輪を支持しているだけで、五重塔そのものの荷重を支えることにはまったく貢献していないのです。このことが、ほんとうの大黒柱との大きな違いです。

現在の法隆寺五重塔の心柱は基壇上の石組みで支えられていますが、当初はそこから約二・七メートル下の地中に据えられた心礎（礎石）の上に、掘立柱式に立てられていた（図2－5参照）のです。一九二六年、腐朽して空洞化した心柱の土中部分下に仏舎利（仏骨）を埋める孔（舎利孔）が発見され、そこに舎利容器一式が安置されていることがわかりました。ともあれ、心柱の下部が空洞化していたという事実は、心柱が五重塔の荷重を支えていないことの証拠です。

このような心柱が、なぜ五重塔を地震や強風から守るのかについて説明する前に、図3

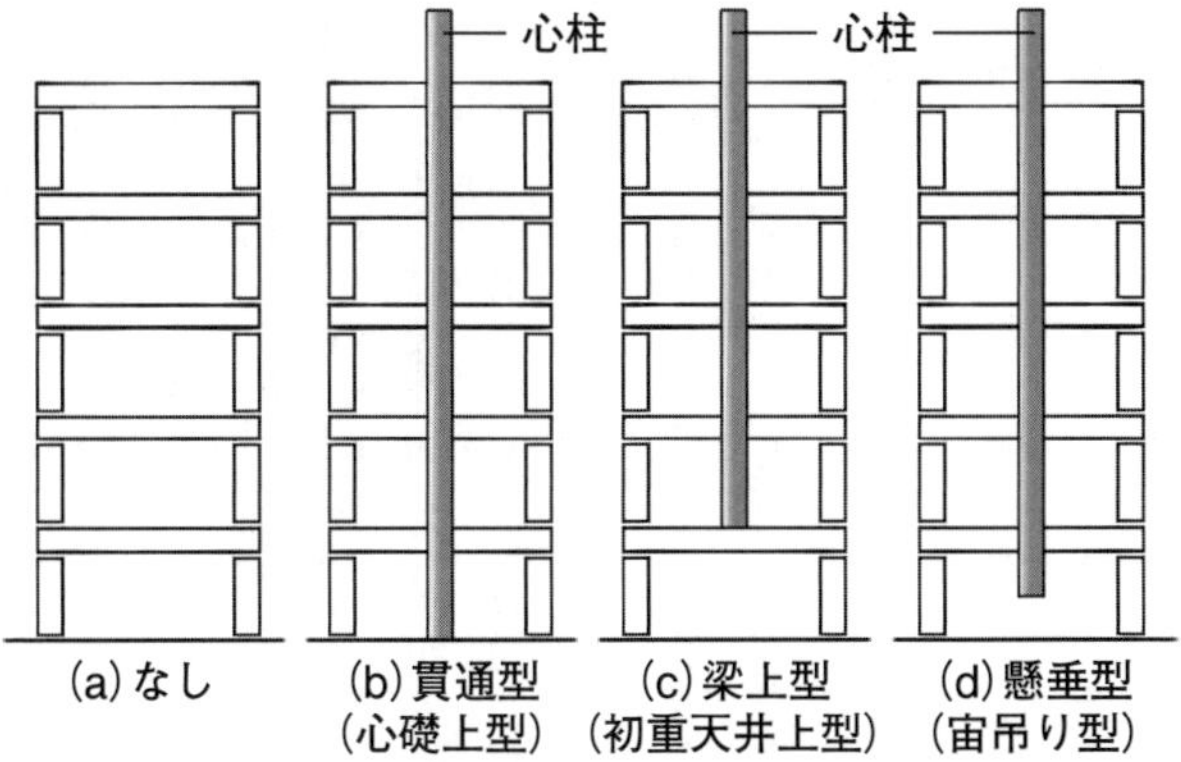

図3-9　さまざまな心柱構法

－9を用いて、心柱のいくつかの構法（型）について述べておきます。

法隆寺の心柱は地中の心礎の上に立つ掘立柱でしたが、その後に建てられた薬師寺東塔、醍醐寺や東寺の五重塔の心柱はいずれも地上の礎石の上に立てられた掘立柱で、これらを〝貫通型（心礎上型）心柱〟と呼びます（図3－9（b））。鎌倉時代になりますと、（c）のように塔の初重の梁《はり》の上に立てられる〝梁上型（初重天井上型）心柱〟の木塔が多くなります。さらに、江戸時代後期になりますと、図3－9（d）のように心柱を上層の肘木や土居桁《どいげた》（梁）から吊り下げる〝懸垂型（宙吊り型）心柱〟の構法が出現します。

さて、心柱が、なぜ五重塔を地震や強風か

ら守るのかについてですが、建築学者の石田修三氏は図3－9の概念図で示すような振動実験模型を作り、三つの型の心柱が五重塔の耐震性に与える影響について調べました。結論を簡単に述べますと、いずれの型であれ、心柱は、〝心柱なし〟の場合（図3－9（a））に比べ、二倍以上の耐震性を示しました。

西岡棟梁は、経験的に「大きな揺れに対しては心柱が止める役をする」といっていましたが、心柱の耐震性向上効果が実験的にはっきりと示されたのです。さらに、圧倒的多数の五重塔に採用されている貫通型心柱が耐震性において最も有効であることが科学的に明らかにされました。

本項の冒頭に述べました、東京スカイツリーの〝心柱〟を挿入した「世界初」の制震システムは、飛鳥時代に多くの仏塔に用いられていた、この貫通型だったのです。

建築基準法に従った再建四天王寺五重塔

現在も大阪・天王寺区に広大な敷地を有する四天王寺は、聖徳太子が五九三年に創建した日本最初の官寺で、聖徳太子一族が滅亡した後も朝廷から重要な官寺の一つとして経営されました。したがって、創建以来、大規模な伽藍を誇ってきましたが、八三六年の落雷

図3-10　19世紀末の四天王寺境内（四天王寺提供）

による火災以来、自然災害・兵火による伽藍の焼失・倒壊、そのつどの復興という歴史を繰り返しています。

昭和に入ってからも二度被災しています。一九三四年九月、大阪を直撃した室戸台風では江戸時代後期に建造された中門、五重塔が倒壊し（強風による五重塔倒壊のまれな例です）、金堂が半傾斜しました。図３－10は、十九世紀末に撮影された四天王寺の金堂、五重塔、中門の貴重な写真で、法隆寺の金堂、五重塔に匹敵する堂々たる伽藍を見ることができます。この四天王寺・五重塔の特徴は、他の五重塔に比べ相輪が長く全体の高さの三分の一ほども占めることです。このため、五重塔が空を突き刺すような印象を与えます。

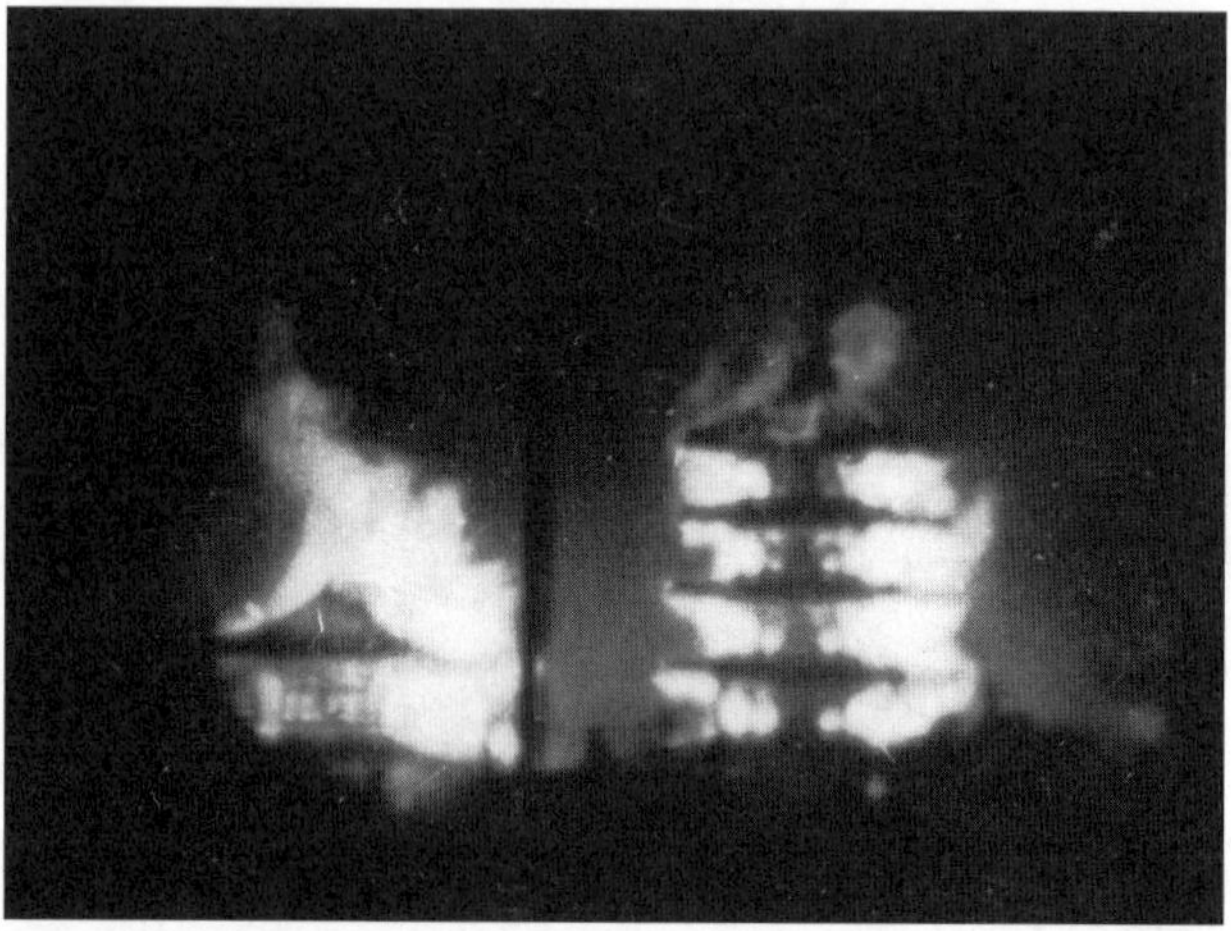

図3-11　昭和20年の空襲による四天王寺伽藍焼亡（四天王寺提供）

室戸台風で倒壊した五重塔は、総檜材を用い、五年の歳月をかけ一九四〇年に再建されたのですが、そのわずか五年後、昭和二〇（一九四五）年のアメリカ軍の空襲で、堂塔の大半を焼失しました。その時の焼亡の様子を示す貴重な写真（図3－11）が遺されています。

戦後の復興は一九五六年から、出口常順管長はじめ、僧、信者らの献身的な尽力によって本格的にはじめられ、中門（仁王門）・五重塔・金堂・講堂（一直線に並ぶ〝四天王寺式伽藍配置〟）が、一九六三年に飛鳥時代の創建当時と同じ外見で、同じ場所に再建されました。

しかし、〝飛鳥時代の創建当時と同じ外見

で〟とはいえ、「市街地のため木造は認められない」という建築基準法のために、再建の堂塔はすべて鉄骨鉄筋コンクリート製なのです。

八度目の再建といわれる五重塔の中は空洞で、内部拝観ができるようになっています。内壁に沿ってかなり急な螺旋《らせん》階段が施され、最上階（五階）まで登れます。床も階段もコンクリート製です。

私が、この四天王寺・五重塔の内部に入った時の第一印象は「唖然《あぜん》！」でした。由緒ある四天王寺の五重塔の中に入ったという気持ちはとても起こりませんでした。私は、昔登った西安の大雁塔のことよりも、ピサの斜塔に登った時のことを思い出しました。

117ページに「五重塔で一番重要な心柱」について書いたのですが、いうまでもなく、四天王寺・五重塔に心柱はありません。

さらに、〝飛鳥時代の創建当時と同じ外見で〟とはいえ、現在の五重塔の姿は、図3-10に見られる五重塔とはかなり異なります。新しい鉄筋コンクリート製の五重塔の屋根には傾斜、反りがほとんどなく、きわめて扁平な四角錘《すい》のようです。私自身が無理に〝飛鳥時代の創建当時と同じ外見で〟を見出そうとするならば、それは、塔全体の三分の一ほども占めそうな相輪の長さくらいでしょう。ちなみに、この五重塔の高さは三九・二メートルです。

私は「建築基準法」なる法律のことはよく知りませんが、聖徳太子が創建した日本最初の官寺である四天王寺の再建が、鉄骨鉄筋コンクリート製になったこと、とりわけ、中が空洞の、五重塔と呼ぶより〝五重タワー〟と呼びたくなるようなものになってしまったことが残念でなりません。

私が不思議に思うのは、西岡棟梁総指揮のもとに、一九八一年に再建された薬師寺・西塔が基本的に伝統的木造建築であることです。薬師寺周辺が「市街地」でなかったから、幸いにも「建築基準法」にしばられることがなかったのでしょうか。

ところで、薬師寺・西塔の屋根の傾斜、反りは東塔のそれらと比べると小さいのですが、その理由については後述します。

第4章

仏教興隆の奈良時代

創建当時の遺構・薬師寺東塔

日本の古刹の中で、法隆寺と並び、一般的に最も人気があるのは薬師寺ではないでしょうか。私自身、取材・調査を含めた訪問回数は法隆寺に匹敵します。

これから薬師寺について述べるのですが、まず「薬師寺」の前に「本」が付いている「本《もと》薬師寺」について簡単に触れておきます。これからしばらく述べる「薬師寺」は、現在の呼称が「本薬師寺」のことです。

薬師寺は、藤原京時代、後に持統天皇となる皇后の病気平癒を祈って天武天皇が六八〇年に建立を誓願した官寺です。

天武天皇一一（六八二）年頃までに着工され、完成したのは文武天皇二（六九八）年といわれます。『薬師寺縁起』には、七一〇年の平城京遷都に伴い「養老二（七一八）年、平城京（西ノ京）に伽藍《がらん》を移す」と書かれており、この時から現在の薬師寺と区別するために移す前の薬師寺を本薬師寺と呼ぶようになったのです。

現在、本薬師寺の伽藍はなく、奈良県橿原《かしはら》市の史跡に礎石群を遺すのみですが、『中右記』や『左経記』などによりますと、本薬師寺は一一世紀まで存続していたらしく、事実、そのことが発掘調査によって明らかにされています。

　ここで問題となっているのは「薬師寺が西ノ京へ移った」の「移った」が移築された（移建説）ことを意味するのか、移築ではなく新築（非移建説・新建説）されたことを意味するのか、いうことで、その決着はまだついていないのですが、それついては本書では触れないことにします。

図4-1　薬師寺東塔（1965年11月15日）

　さて、現在奈良市にある薬師寺の魅力は、なんといっても創建当初の唯一の遺構である七三〇年完成の東塔でしょう。図4−1は、私が高校の修学旅行時に撮影したものです。

　第1章でも簡単に触れましたが、この東塔は各層に裳階《もこし》が付けられているので一見六重塔に見えますが、れっきとした三重塔です。

もともと「裳階」とは上代に女性が腰から下にまとった服のことで、建築ではそれと同じように建物の下方につける庇《ひさし》状の構造物で、社寺建築の特異な造形です。基本的には、仏堂・仏塔などの軒下壁面に取りつけられた〝飾り〟ですが、別名「ゆた（雨打、雪打）」ともいわれるように、建物を雨や雪から守るというはたらきもあります。図3－4の法隆寺・金堂の初重の屋根の下、図4－1の東塔の各重屋根の下に見られます。

薬師寺東塔においては、各重に裳階のある大小の屋根のバランスと、全体がかもし出すリズム感がなんともいえません。このような印象を与える仏塔は薬師寺東塔だけでしょう。通説として、アメリカの美術研究家・フェノロサが、この東塔を「凍れる音楽」と形容したと伝えられているのですが、「建築は凍れる音楽」という表現はフェノロサ以前からドイツで使われていたようです（町田甲一『大和古寺巡歴』講談社学術文庫）。

東塔の総高は三四・一メートルで、相輪の頂部にある水煙《すいえん》はよく見えないのですが（実物大複製が東僧坊に安置されています）、これは非常にすぐれた工芸品です。ちなみに「水煙」というのは、どの木塔の相輪の頂部にも施されている火災除けの願いを込めた装飾品で、一般的には、火焔や雲を模した透かし彫りが多いのですが、東塔の水煙は、飛天の天衣が飛雲と風になびく美しいデザインになっています。銅の鋳造で、あたかも羽のように相輪（中は心柱です）の四面に付いているのです。

東塔の心柱の下端は心礎上に置かれた大きな根継石《ねつぎいし》（受石《うけいし》）に乗っており、図3－9（b）の貫通型（心礎上型）心柱ということになります。

東塔と形の違う西塔

薬師寺東塔というからには、薬師寺西塔があったということです。

第3章104ページで触れましたように、東大寺大仏殿の大仏の背後に、大仏殿の両側にはかつて二基の七重塔（東塔、西塔の二塔）が建っていました。このように、東西の二塔を建てるのは双塔式伽藍と呼ばれますが、じつは、その初例が本薬師寺なのです。本薬師寺の伽藍配置図を図4－2に示しますが、平城遷都に際して、これが同規模、同配置で現在の薬師寺に再現されました。

東塔については、『扶桑略記《ふそうりゃくき》』に七三〇年に建立されたことが明記されているのですが、西塔の建立についての明記は見当たりません。『薬師寺縁起』天平一九（七四七）年に「宝塔四基二口在本寺」という記述がありますので、遅くとも、この頃までに西塔も建てられていたものと考えられます。

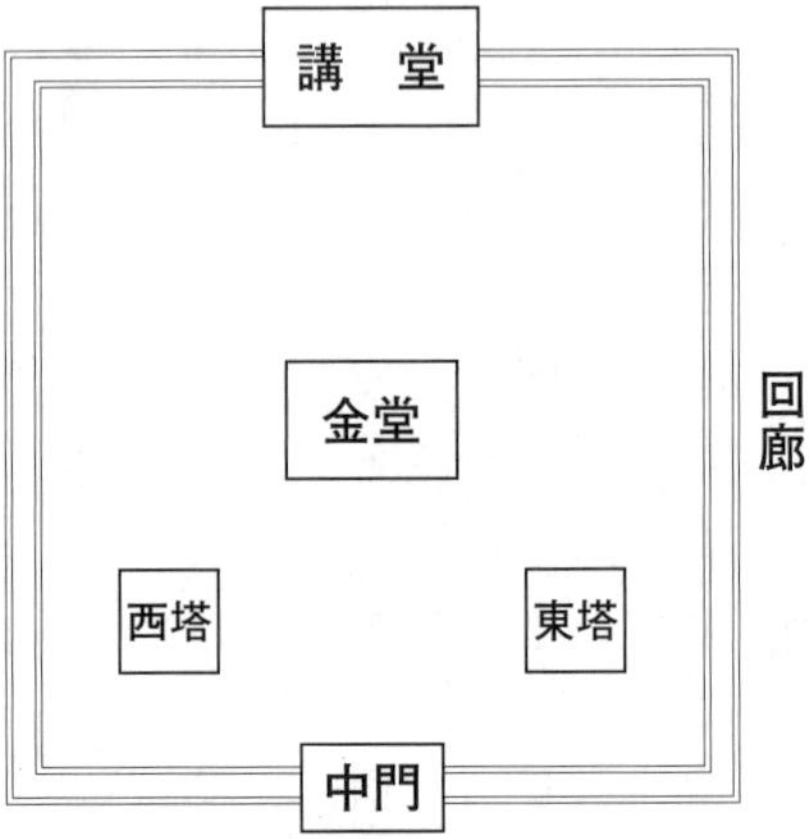

図4-2　本薬師寺の伽藍配置図

先述のように、東塔は創建以来いくつもの戦禍や火災をくぐり抜け、何度かの解体修理によって、薬師寺伽藍唯一の創建時の建築物として今日まで遺っているのですが、西塔は一五二八年、筒井順興の兵火によって金堂、講堂、中門、僧坊などとともに焼亡しました。

以来、薬師寺に遺された伽藍は東院堂（鎌倉時代の再建）と東塔だけになってしまっていましたが、一九六〇年代後半以降、高田好《こう》胤《いん》管主（法相宗管長）が中心となって白鳳伽藍復興事業が進められ、一九七六年の金堂再建を皮切りに、一九八一年、四五三年ぶりに薬師寺に東西両塔が並び、二〇〇二年までに中門、回廊、大講堂が次々と再建されました。

薬師寺西塔は、西岡棟梁の総指揮の下、伝統様式・技法で再建されたのですが、残念なことに、基壇部の基礎工事には伝統的な版築ではなく鉄筋コンクリートが使われました。これは、後述しますように、西岡棟梁が「学者」の意見を不本意ながらも取り入れなければならなかった事情によります。

その基壇以外は、台湾産の檜材、手斧《ちょうな》、槍鉋《やりがんな》などの伝統的大工道具、白鷹鍛冶によって鍛造された天平式和釘などが使われた見事な再建です。外壁には緑と朱の着色が施されていますし、相輪・水煙も金色に輝いています。

現場で西塔を注意して東塔と見比べますと、単なる新旧、色の違いのほかに屋根の反りの違い、連子窓《れんじまど》の有無などいくつかの相違点に気づき、両塔から受ける印象の違いをはっきりと感じます。

それは、基壇の高さが東塔より約八〇センチメートル高く、一・四メートルに高められていること、初重の柱高が約一五センチメートル高くなっていること、各層の屋根の出が約三〇センチメートル長いこと、つまり、軒の幅（軒口《のきぐち》）が約六〇センチメートル長くなっていること、各重、特に三重の屋根の勾配がゆるいこと、東塔の裳階下が白壁になって

図4-3　大池から見た薬師寺。左から金堂、西塔、東塔。遠景は若草山。

いるのに対し、西塔には連子窓が設けられていることなどによるものです。

また、西塔の木部外面に手斧、槍鉋による小波状の仕上げの跡をはっきりと見ることができます。

西塔の塔高自体も東塔よりも約三〇センチメートル高くなっており、基壇の高さの差を加えますと、西塔は東塔よりも約一・一メートル高くなっているわけですが、西岡棟梁によれば、東西両塔の大きさ、形状の違いは木材の乾燥収縮を、基壇の高さの違いは地盤沈下を考慮したものであり、五〇〇年後には東西両塔が同じ高さになり、一〇〇〇年後には屋根が設計どおりの形状になるのだそうです。

私は、この西岡棟梁の言葉を白鷹幸伯鍛冶経由で聴いたのですが、その時、思わず身震いしたことをはっきりと憶えています。同じような主旨の言葉を私は小林章男瓦博士、白鷹鍛冶らからも聴いていますが、日本の伝統的職人は、本気で五〇〇年、一〇〇〇年先のことを考えているのです。古代の匠たちも、もちろん、そうだったのです。

平成時代のいま、天平時代の創建当初の様式をもって復元された華麗な西塔が、およそ一三〇〇年の風雪に耐えていまもなお凛として立つ東塔と並ぶさまは、建築史的意義はいうまでもなく、まことに壮観です。

私は、薬師寺を眺望するベスト・スポットは東南に位置する大池の対岸だと思います(図4-3)。特に、夕焼けの中のシルエットの美しさは格別で、東西両塔の形状の現時点での違いもはっきりとわかります。一〇〇〇年後、同じ場所から東西両塔を眺めてみたいものです。

瓦職人のこだわり

先に述べましたように、一九六〇年代後半以降、高田好胤管長や西岡棟梁らの尽力によって、薬師寺伽藍の再建が続けられましたが、二〇〇〇年五月末、私は大講堂屋根の瓦葺き作業の現場を小林瓦博士と一緒に見学させていただきました。

この時、全部で七万三六〇〇枚の平瓦に番号が付けられているのに気づいたのですが、薬師寺工事事務所の石川博光所長から、その番号の説明を聴いて、驚きました。

瓦は粘土を型で成形、乾燥後、炉で焼成される〝焼き物〟です。鬼瓦など特殊な場所に置かれるものは別として、屋根葺き用の一般の瓦は基本的には同じ形をしています。ところが、焼成される時の炉の中の位置や温度の違いによって、完成品の形は微妙に異なるのは避けられません。そこで、薬師寺の瓦職人は最善の組み合わせで屋根を葺くために、すべての瓦の形を入念に調べ、一枚一枚の瓦に番号を付けたというわけです。

木造建造物にとって雨漏りは致命的になりますので、このような入念な作業が不可欠という説明を、まさに、その現場を目の前にして伺い、私は、古代からの伝統を守る職人たちの徹底した適材適所の実践と、数百年あるいは千年先のことまでも考えた真摯な仕事振りに、ひたすら感動したのです。

薬師寺再建論争——職人 vs. 学者

一九七六年の金堂が再建されたのをはじめ、二〇〇二年までに西塔、中門、回廊、大講堂が次々と再建されました。これら文化財建造物の再建にあたっては、いつも決まって繰り返されることですが、「学者」と実際に建造にあたる職人との間で意見の不一致がありました。

「鉄はもっても数百年、木材（檜）は千年もつ。鉄を使うとその部分から腐食する」と鉄筋コンクリートの使用を拒む西岡棟梁と「台風や地震、火災からの文化財保護の観点からも鉄筋コンクリート補強が望ましい」と主張する建築史家の竹島卓一名工大名誉教授と真っ向から対立しました。

じつは、鉄骨使用を拒む西岡棟梁と鉄骨使用を主張する竹島名工大名誉教授との大論争のはじまりは一九七五年の法輪寺三重塔再建の際までさかのぼります。法輪寺三重塔は図3－5の法起寺の「日本最古の三重塔」のすぐそばにあり、私は何度も実物を見ていますが、薬師寺西塔と同様に外壁の着色が鮮やかな「昭和の三重塔」です。結局、「最低限度の鉄骨使用」で決着が付きました。

薬師寺金堂の再建の場合も、結果的に西岡棟梁が大幅に譲歩し、本来ならば木造で全体を仕上げるのが理想的としつつ、図4－4のように、万一の火災を考慮して、内陣部のみが鉄筋コンクリートで作られ、防火用の鉄製シャッターがこれに付けられ、鉄筋コンクリ

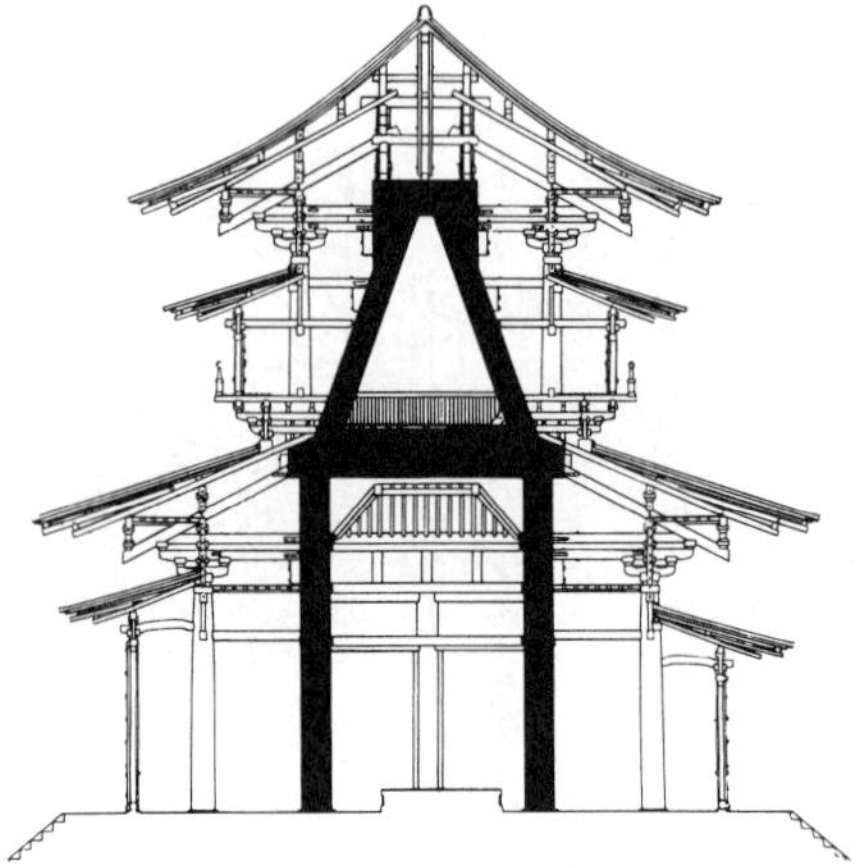

図4-4　薬師寺金堂断面図（薬師寺提供）

ート・木造という異質の建造物になりました。西岡棟梁はまさに断腸の思いだったでしょう。薬師寺西塔の基壇に鉄筋コンクリートが使われたことも、同じ妥協の産物です。

要するに、西岡棟梁がいいたいことは、「学者は理屈をいっていればいい。実際に仕事をするのは職人なのだ。職人は長年の伝統技術を踏まえて仕事をしているのだから、間違いないのだ」ということなのです。私は西岡棟梁や小林瓦博士や白鷹鍛冶ら一流の職人たちの言葉を直接的、間接的に聴いていますが、彼らの言葉を全面的に支持します。

職人と「学者」の論争を耳にするたびに不思議に思うのは、五重塔をはじめとする日本の伝統的建造物が火災によって焼失することはしばしばあっても、少なくとも台風や地震で破壊されたことはほとんど皆無であるという歴史的事実を、また、薬師寺東塔の解体修理工事で明らかにされたように、創建当初の版築による基壇が良好に遺存しているという事実を、「学者」の人たちはどのように考えているのだろう、ということです。

私も「学者」のはしくれですが、いつも職人を尊敬し、一流の職人の技と作品を絶対的に信頼し、「学者」と職人との間で見解の相違があった場合は、躊躇なく職人の見解に与《くみ》します。「無責任なことをいっていても許される学者」と「実際に長い歴史に耐える物を作る職人」とでは勝負にならないと思っているのです。

高田好胤師の思い出

薬師寺伽藍復興で獅子奮迅の活躍をした高田好胤師はまさに、「薬師寺中興の祖」と呼ぶにふさわしいでしょう。

その「中興」に別の立場から貢献者した人物の一人は西岡棟梁だと思いますが、じつは、薬師寺伽藍再建の資金集めのためにマスメディアに登場することが多かった高田好胤師と、「職人気質」の塊のような西岡棟梁とは、いつも折り合いがよかったわけではあり

図4-5　薬師寺西塔心礎の水溜りに映った東塔相輪の先端（1965年11月15日）

ません。西岡棟梁には一時、高田好胤師が「タレント坊主」に見えてしまっていたのです。

しかし、西岡棟梁は伽藍再建で高田好胤師と接する機会が多くなるに従い、徐々にその人間性に魅かれていったそうです。そして、一九七六年の金堂棟上式の時、高田好胤師の師である橋本凝胤《ぎょういん》薬師寺長老が棟木《むなぎ》に高田好胤名を書き入れたことに反発して、西岡棟梁の名前を書き入れるように訴えた高田好胤師の、私欲を捨てた態度に西岡棟梁が心服したという美談があります。

私もそうなのですが、昭和の「団塊の世代」前後の人にとって、「高田好胤」には特別の思い出があるのではないでしょうか。

一九四九年、副住職に就任した高田好胤師は、修学旅行で薬師寺を訪れる中学校や高校の生徒たちをユーモアたっぷりの話術、わかりやすい法話で魅了しました。私も、一九六五年一一月、高校の修学旅行で薬師寺を訪れた時に高田好胤師の法話を聴きました。

当時、西塔跡には心礎が遺るだけでしたが、そのそばに立った当時四一歳の高田好胤師が「心礎に溜まった水に東塔の相輪の先端が映っているんだよ。東塔が一人じゃ寂しいよ、西塔も早く建ってくれよ、といっているんだよ」と説明してくれた時に撮った貴重な写真が図4－5です。

いま思えば、高田好胤師の頭の中には、このころから薬師寺伽藍再建、西塔再建のことがあったに違いありません。いずれにしましても、図4－5は、今後二度と見ることができないであろう、西塔心礎に映る東塔相輪先端を示す貴重な写真です。

もっと大きかった東大寺大仏殿

東大寺は平城京の東に位置する「東の大寺」です（それに対し、西に位置した「西の大寺」が西大寺です）。

図4-6　東大寺大仏殿（金堂）

七二八年、聖武天皇が早世した基親王《もといしんのう》の菩提を弔うために建てた金鐘山寺《きんしょうさんじ》をはじまりとし、七四一年、国分寺建立の詔《みことのり》によって昇格し、大和国分寺・東大寺と称するようになりました。

東大寺といえば、すぐに「奈良の大仏」、それを安置する大仏殿が連想されるのですが、東大寺の境内は広く、大仏殿（金堂）を中心に鏡池、南大門、二月堂、法華堂（三月堂）、戒壇院、阿弥陀堂などが並んでいます。御物で有名な正倉院も東大寺境内に含まれます。

しかし、「東大寺」で特筆すべきはやはり大仏殿（図4－6）です。

寺院で本尊を安置し、伽藍の中心をなす仏

堂を「金堂」と呼び、東大寺の本尊は大仏（盧遮那仏《るしゃなぶつ》坐像）ですから、大仏殿はまぎれもなく金堂なのですが、他の寺院――例えば法隆寺（図3－4）、四天王寺（図3－10）、薬師寺（図4－3）などと比べて、あまりにも巨大なために、「金堂」というよりもやはり「大仏殿」という方がしっくりします。図4－6からは重層に見えますが、下層の屋根は裳階で、一重の建物です。

大仏殿の創建は天平時代の七五一年ですが、平重衡《たいらのしげひら》の兵火（一一八〇年）により焼失、その後、鎌倉時代に再建、しかし三好長慶《みよしながよし》・松永久秀の兵火（一五六七年）により再度焼失し、現在の建物は江戸時代の一七〇九年に再々建されたものです。

現在の大仏殿の棟までの高さ四九・一メートル、正面の幅五七・五メートル、奥行き五〇・五メートルで、高さと奥行きは創建当時とほとんど同じですが、幅は創建当時の約八六メートルの約三分の二になっています。104ページでも簡単に触れたとおり、大仏殿の中の大仏の背後には、創建当時の東大寺の模型（図4－7）がありますが、大仏殿の形が、現在私たちが見るものとかなり違うことがわかるでしょう。

平重衡による南都焼討によって東大寺は灰燼《かいじん》に帰しましたが、鎌倉時代の修復と復興に甚大な力を発揮したのが、後白河法皇に大勧進職《だいかんじんしょく》に任命された重源《ちょうげん》です。三度にわたる宋

図4-7　東大寺創建時の伽藍模型

への留学で建築技術にも詳しかった重源は大陸の新しい建築様式を導入し、南大門、大仏殿などを再建しました。

その建築様式は、従来の寺院建築様式である「和様」と比べるといくつかの顕著な違いがありますが、最も特徴的で、私たちが見てもすぐに気づくのは、南大門の吹き抜けの屋根裏（図4－8）に見られるような柱と柱とを横に貫いて連ねる何重もの貫《ぬき》、柱に肘木《ひじき》を挿し込む挿肘木《さしひじき》です。いずれも、構造物の機械的、物理的強度を高めるための工夫でした。このような建築様式をかつては「天竺様《てんじくよう》」と呼んだのですが、この呼称は「インド（天竺）の建築様式と誤解される」として、戦後は「大仏様《だいぶつよう》」と呼ばれるようになりまし

図4-8　東大寺南大門の内部木組構造

た。

しかし、「大仏様」も「だいぶつさま」と紛らわしいので、「重源様」という呼称を提唱する建築家もいるようです。じっさい、「大仏様」という文字を見てすぐにひらめくのは「だいぶつさま」でしょう。

重源が宋から日本にもたらした「大仏様」という新建築技法は特に大建築に適したものであって、後世、東福寺三門、東寺金堂などにも使われていますが、天井がないために屋根裏が見えるなどの美的欠点のためか、重源の死後は次第に廃れていったようです。

なお、鎌倉時代新造の大仏殿は天平の創建時の基壇と礎石をなるべくそのまま使い、規模はほぼそのままでしたが、宋で多くの建築物を見て来た重源の好みで、大屋根の反りも創建時のものよりも大きく派手になりました。

江戸時代の再建にあたっては、当初、天平、鎌倉時代と同規模の計画が立てられたようですが、巨材の調達が困難であったことに経済的理由も加わり、前述のように、正面の幅は創建当時の約三分の二になっています。それでも、高さと奥行は創建時と変わらず、木造建築としては世界最大級のものです。

大仏殿は「世界最大の木造建築物」として広く知られていましたが、じつは、一九四二年にアメリカ・オレゴン州の海軍飛行船部隊跡地に建てられたテイラムーク航空博物館、一九九二年に島根県に建てられた出雲ドーム、一九九七年に秋田県に建てられた大館樹海ドームなど、〝大きさ〟の点では大仏殿を超えるものも実在します。

ただ、これらは近代の集成材、構造用合板などの建築資材の発達の賜であり、純粋な木造軸組建築としては、現在でも大仏殿が「世界最大の木造建築物」なのです。

さて、「東大寺」といえば「大仏殿」とともに避けて通れないのが、ご本尊の「大仏」です。まさに見上げるばかりの大きさの大仏の鋳造には、さまざまな「古代日本の超技術」が駆使されており、興味が尽きないのですが、本書の主眼である「木造建築」から外れることと、紙幅の都合で割愛せざるを得ません。興味がある読者は是非、拙著『古代日本の超技術〈改訂新版〉』（講談社ブルーバックス）を読んでください。

売却されかけた？　興福寺五重塔

観光バスではなく、自分の足で奈良を観光する人は、ＪＲ奈良駅か近鉄奈良駅から、まず奈良公園を目指しますが、ひときわ目をひく建物が、興福寺の高さ約五一メートルの五重塔です。後述する京都・東寺（教王護国寺）の高さ約五五メートルの五重塔に次いで、日本で二番目に高い木塔です。

私は「古代瓦の科学的研究」（前掲拙著『古代日本の超技術〈改訂新版〉』参照）をはじめた頃から、奈良へは何度も足を運んでいますが、いつも、興福寺には一種独特の感じを持たされます。それは、有名な大寺院にもかかわらず、門も塀もなく、どこからでも、拝観料を払うことなく自由に境内に入れるためだと思います。まさに「興福寺は奈良公園の中にある」という感じなのです。

そして、いつも思い出すのが「秋風や囲《かこい》もなしに興福寺」という正岡子規の俳句です。子規も私と同じようなことを感じていたのでしょう。

興福寺は藤原氏の氏寺《うじでら》で、起源は「大化の改新」で有名な藤原鎌足の念持仏を祀った山階寺《やましなでら》にまでさかのぼります。その後、飛鳥の厩坂寺《うまやさかでら》を経て、七一〇年の平城京遷都に伴い、鎌足の子である不比等《ふひと》がいまの地に寺地を移し、興福寺と改称しました。

興福寺は創建以来、何度も火災にみまわれましたが、中でも、平重衡の南都焼討（一一八〇年）の被害は甚大で、東大寺とともに大半の伽藍を焼失したのです。

時暦を考え、私は興福寺を「奈良時代」に入れているのですが、現存の興福寺の建物はすべて、この火災のあった中世以後に再建されたものです。

光明皇后の発願による五重塔の創建は七三〇年ですが、その後、五度の焼失、再建を経て、一四二六年に建立されたのが現在の塔です。以来、六〇〇年ほど経っているのですが、濃い灰色の瓦、焦げ茶色の木部、白い壁の色のコントラストがとても美しいです。

ところで、興福寺五重塔の心柱は欅《けやき》材を三本つないだものです。

第1章34ページで述べましたように、欅材のような広葉樹が大型建築材に使われるようになるのは、縦引き鋸が登場する室町時代以降です。それまでは、打ち割りできる針葉樹の檜が主な建築材でした。したがって、それ以前の興福寺五重塔の心柱は檜材であったはずです。興福寺五重塔の心柱に欅材が使われたということは、当時の建築の最先端技術に対する棟梁たちの大きな挑戦でもあったのだと思います。

江戸時代には、幕府から春日社興福寺領として二万余石が与えられていましたが、明治維新の「神仏分離」と「廃仏毀釈《はいぶつきしゃく》」による被害は甚大で、寺領はすべて召し上げられ、興福寺別当だった一条院と大乗院の両門跡は還俗し「奈良華族」になり、僧は春日社の神職になったといわれます。興福寺内には一人の僧もいなくなったのです。伽藍の多くが破壊され、遺った堂舎も県庁、警察、学校などに転用されました。

興福寺の公式見解では「あくまでも伝承の域を出ない」ということですが、当時、五重塔が二五〇円で売却されるという噂が広まったそうです。その「二五〇円」が現在のいくらくらいなのか、それを割り出すのは簡単ではないのですが、当時の二五〇円は大工の賃金であれば約一年半分、農民であれば三年数か月分に相当するようです（森永卓郎『物価の文化史事典』展望社）。

私は「廃仏毀釈」という野蛮な行為に憤りを覚えますが、それにしても、興福寺がなぜこのような「仕打ち」にあったのかも不思議に思います。これも、「維新史」を創った薩長政府と関係があることなのでしょうか。

興福寺の再興が「薩長政府」から許可されたのは、ばかげた「廃仏毀釈」が反省されれば

図4-9　興福寺三重塔

じめた一八八一年以降のことで、一八九七年に文化財保護法の前身である「古社寺保存法」が公布され、興福寺の諸堂塔が整備されるようになり現在に至っているのです。

伽藍西南の一段低い場所に建っているためか、一般にほとんど知られていないのですが、見逃せないのが三重塔（図4－9）です。藤原聖子《ふじわらのせいし》（崇徳院中宮《すとくいんちゅうぐう》）によって一一四三年に創建されています。この三重塔も一一八〇年の南都焼討で焼失しましたが、鎌倉時代前期に再建されて現在に至ります。

この三重塔の特徴は、例えば図3－5の法起寺の三重塔と比較するとよくわかるのですが、初重から二重への柱間《はしらま》の逓減《ていげん》が大きい、つまり、二重、三重に比べて初重の平面がきわだって大きいことです。各重の比例は五重塔の初重、四重、五重に相当します。

一方、軒の逓減は普通の三重塔の比例になっており、したがって、初重の軒の出が小さくなっています。また、五重塔と比べますと木割が細いため、とても繊細な感じを与える姿です。これは、創建が平安時代であることと、再建にあたって京都の工匠が参加したためと考えられています。私は、日本に数ある三重塔の中で、この上品で優美な姿の興福寺三重塔が一番好きです。

第5章

宮廷文化の平安時代

日本最高の木塔・東寺五重塔

京都を舞台にしたテレビドラマなどに必ずといってよいほど登場するのが、現存する日本の木塔の中で最高（総高約五五メートル）、最大の東寺《とうじ》の五重塔です（図5－1）。新大阪駅に向かう下りの新幹線が京都駅を出ると、すぐに左の車窓から五重塔が見えます。最高、最大の五重塔だけあって、そばに寄ると、まさに見上げるばかりの堂々たる姿の迫力に圧倒されます。

いまは、周囲の高い建物に埋もれてしまった感のある五重塔ですが、つい最近まで、京都市内はもとより、遠く洛南の農村地帯からもその姿を望見できたといいます。例えば江戸時代、その雄姿は、江戸から五十三次を経て京の都を目指した旅人をどれだけ勇気づけ、上洛の安堵感を与えたことでしょうか。

東寺は桓武天皇による平安遷都の直後、都の南端の羅城門を守護する東西の位置に西寺《さいじ》と対をなして創建された官寺です。

西寺は一二三三年の焼失後衰退し廃寺になり、現在は金堂礎石の一部が遺るのみの「西寺跡」ですが、平安京創生館の平安京復元模型によれば、創建時の西寺は立派な伽藍《がらん》を持ち、五重塔もそびえています。

　いまも五重塔をはじめとする多くの伽藍を持つ東寺は右記のように、創建時は官寺でしたが、八二三年、唐より帰朝した空海に嵯峨天皇から下賜《かし》されました。空海が八〇六年に唐から帰朝し日本に真言密教を伝えてから一六年後のことです。以来、真言密教の根本道場となり現在に至っています。

図5-1　東寺五重塔

　東寺の建設がはじまったのは平安遷都の二年後ですが、空海が拝領した頃にも伽藍工事はほとんど進んでおらず、金堂とわずかな僧坊しかなかったといわれ、現在のような伽藍が完成するのは空海の高野山での入滅（八三五年）後五十余年経ってからのことです。

ところで、いま私たちが「お寺」といえば、必ず付随するのが「～宗の」という宗派ですが、官寺は諸宗兼学で「～宗の」というものではなかったのです。それを空海が、東寺は真言宗の寺であり、真言宗の僧以外は入れないということを願い出て、それが許されたのです。

嵯峨天皇の空海に対する信任がいかに厚かったかということを示す逸話ですが、これが現在に至るまで日本の寺院が宗派の寺院になっていることの発端と考えれば、仏教界における空海の絶対的な力の大きさを痛感せざるを得ません。ちなみに、中国の寺院は現在でも宗派の寺院ではなく、その時の住職の宗派に依存するのです。

以上のような経緯により、東寺は真言密教美術の宝庫でもあるのですが、本書における主役はやはり、現存する木塔の中で最高最大の五重塔です。

空海が五重塔の造営を勧請したのは八二六年ですが、完成したのは八八三年頃と考えられています。先述のように空海が入滅したのは八三五年ですから、残念ながら、空海はこの五重塔を見ていません。

創建以来、九世紀末に落雷によって焼失したのにはじまり、二、三百年に一度の間隔で落雷して四度焼失し、現存の塔は一六四四年、徳川三代将軍・家光の助力で再建された五代目のものです。しかし、江戸時代の再建とはいえ、江戸時代の塔にしばしば見られる細かい装飾は用いられていない古式に倣《なら》った堂々たる復古的な塔です。

私は「特別拝観」の際、初重内部に入りました。いかにも真言密教を感じさせる豪奢な内装です。

心礎上型掘立心柱（図3－10（b））を背に四方に配置されているのは四如来と菩薩たちです。本尊である大日如来の姿がないのですが、それは方形の心柱が大日如来を表わしており、さらに五重塔そのものが大日如来の表象とされているからです。

また、通常、五重塔の心礎の下には仏舎利が安置されていますが、東寺の五重塔の場合、仏舎利は上層に安置されているそうです。こうしたことは、空海の独創的発想の結果といわれています。

それにしましても、東寺の五重塔が四度も落雷のために焼失し、その都度、周囲を圧倒するような大きさの原型を復元したことは驚異的なことです。やはり、その底力は時の権力者や民衆の信心にあるのだと思われます。

木塔の焼失の歴史を見ますと、東寺の五重塔に限らず、その原因として、戦災よりも落雷が圧倒的に多いことに驚かされます。

確かに、木塔が周囲の建造物と比べ、圧倒的高さを誇る上に、先端に金属製の相輪があるのですから、雷が好んで落ちるのも当然といえば当然です。「避雷針」によって落雷の被害を防げることは、現在では誰でも知っていますし、日本の現行の建築基準法により二〇メートルを超える建造物には「避雷針（避雷設備）」の設置が義務付けられています。

実際、現存のほとんどの歴史的建造物には、たとえそれが二〇メートル以下であっても「避雷針（導線）」が設置されています。しかし「避雷針」がアメリカのフランクリンによって発明されたのは一七四九年であり、日本の「避雷針」の歴史は一八七二年建造の富岡製糸工場にはじまりますので、明治時代以前の日本人が「避雷針」によって建造物を落雷の被害から守ることは不可能でした。

ところで、いま私が避雷針に「　」を付けたことには意味があるのです。

「避雷針」は「雷を避ける針」を意味する言葉ですが、じつは「避雷針」によって「落雷を避ける」ことはできないのです。「避雷針」の仕組みは、先端の「針」に雷を呼び込み、その大電流を地面に逃がすことによって建物などへの被害を防ぐのです。ですから、正しくは「導雷針」というべきです。

事実、「避雷針」にあたる英語は〝lightning rod（稲光棒）〟です。木塔の先端の相輪はまさに〝lightning rod〟以外の何ものでもありません。

善通寺の登れる五重塔

善通寺《ぜんつうじ》は空海の誕生の地である香川県善通寺市にあり、京都の東寺、和歌山県の高野山と並んで、真言密教の三大霊跡と知られています。

空海が唐から帰朝した翌年（八〇七年）、空海の父・佐伯善通《よしみち》が自分の居宅を寄進し寺を建立したのが、善通寺の創建と伝えられています。つまり「空海の寺」としては、善通寺が東寺よりも先になります。なお「善通寺《ぜんつうじ》」の寺号は、父の名前「善通《よしみち》」からとられたものです。

鎌倉時代には多くの寺領を有し、最盛期を迎えましたが、一五五八年、阿波（徳島県）の三好氏が讃岐（香川県）の香川氏を攻めた兵火によって伽藍はことごとく焼失しました。

その後、生駒、松平、山崎、京極ら、この地の歴代領主の寄進などによって寺勢を回復し現在に至り、広大な境内は東院と西院とに分かれ、東院には南大門、金堂、五重塔、西

図5-2　善通寺五重塔

院には御影堂《みえいどう》、宝物館などが建っています。さすがに、空海生誕地だけあって、寺宝には国宝、重要文化財に指定されている空海ゆかりの遺品が多く、それを宝物館で拝観することができます。

やはり、善通寺で最も興味を魅かれるのは、特殊な構造を持つ五重塔（図5－2）でしょう。

「善通寺略年表」によれば、「一〇七〇年、大風により五重塔が転倒」（『東寺百合文書』）という記録が残っていますので、その時点で五重塔があったことは確かですが、創建時に五重塔があったかどうかは定かではありません。

五重塔は一〇七〇年の転倒後、再建、焼

失、再建を繰り返し、現在の塔は、一八四〇年の焼失後、一八四五年の仁孝天皇綸旨《りんじ》により一八五四年に再建に取り組んでからおよそ六〇年後の一九〇二年に完成した四代目のものです。高さは約四三メートルで、現存する日本の木塔の中で東寺、興福寺の五重塔に次いで三番目の高さです。再建にこれだけの長期間を要したのは、途中、明治維新によって中断したためです。

第3章117ページに述べましたように、心柱は五重塔の、文字通り中心的役割を果たす構造物です。さまざまな心柱構法を図3-9に示しています。

いままでに述べてきました法隆寺、薬師寺、興福寺、東寺の心柱はすべて図3-9(b)の貫通型(心礎上型)ですが、善通寺五重塔の心柱(善通寺では「真柱」と記載)は図3-9(d)の懸垂型(宙吊り型)なのです。

このように心柱を上層の肘木《ひじき》や土居桁《どいげた》(梁《はり》)から吊り下げる〝宙吊り型心柱〟が登場するのは江戸時代後期になってからですので、〝宙吊り型心柱〟の詳細については第7章「江戸時代」で述べますが、現在の善通寺五重塔に見られる心柱についてはここで触れておくことにします。

善通寺宝物館の松原潔学芸員の特別のはからいで、五重塔内部初重から五重までつぶさ

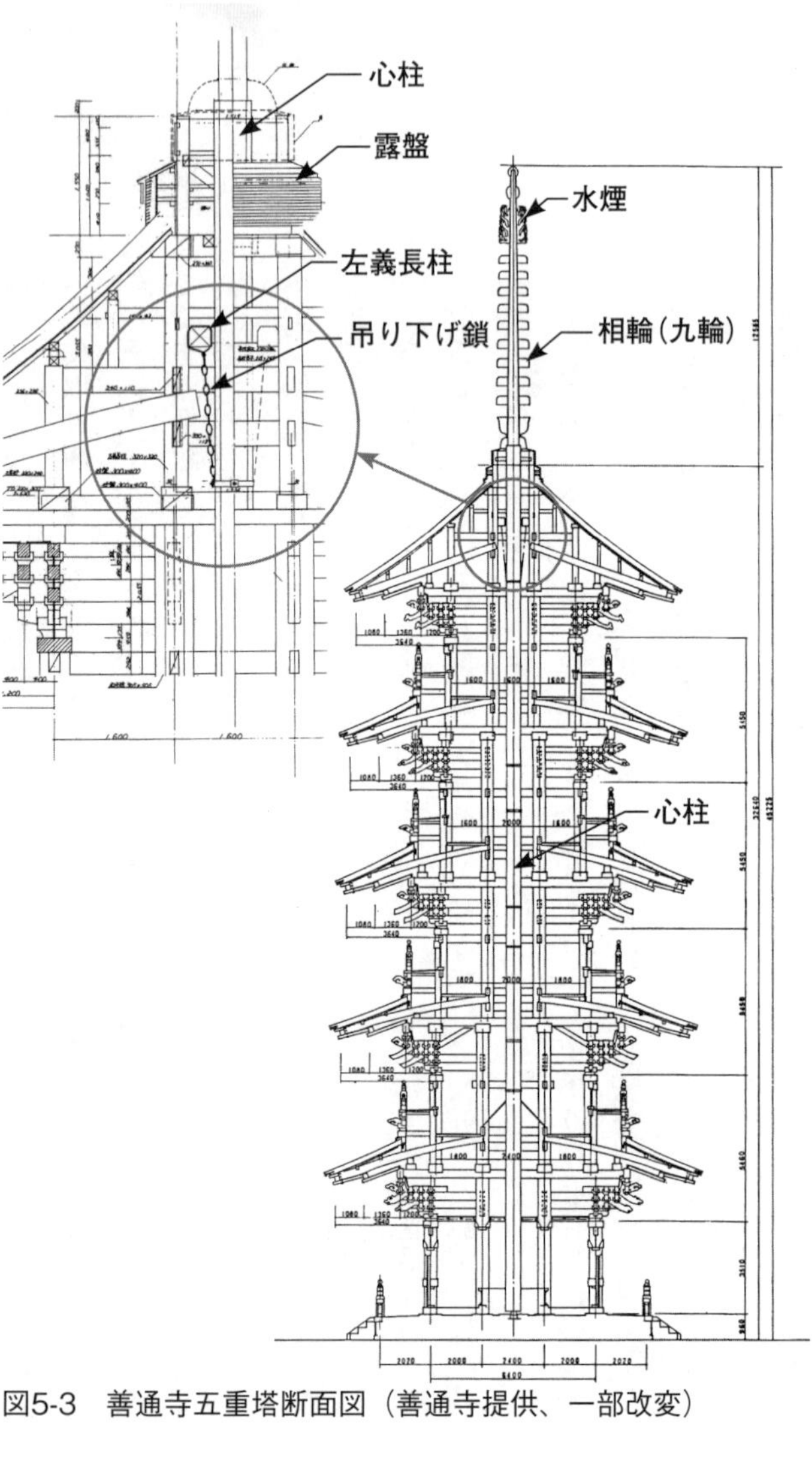

図5-3　善通寺五重塔断面図（善通寺提供、一部改変）

に観察させていただきました。宙吊り心柱に興味を持ちはじめた二五年くらい前から、機会があれば是非内部に入って、自分の目で観察してみたいと思っていた善通寺五重塔ですので、本当に、子どものようなわくわくした気持ちで臨みました。

五重塔の断面図を図5－3に示します。

初重から五重まで、狭い空間の中を、非常に窮屈な思いをしながら、ほとんど垂直に近い梯子で上っていくのですが、塔の内部は木組みの塊です。この木組みの中心を貫いているのが心柱です。

平成五年大改修の『総本山善通寺五重塔修理工事報告書』によれば、心柱は四本継ぎ合わせており、総重量は九・二五トン。最下部から露盤《ろばん》の上端までは面取り四角柱（下方幅六五センチメートル、上方幅四五センチメートル）で、相輪の軸部分（擦管《さつかん》）は円柱の形に削られています。四角柱の部分は面取り幅が大きいので、一見八角柱に見えます。

ところで、五重塔の前に立てられている「五重大塔」案内看板には「総けやき造り」と書かれていますが、心柱の最下部材は欅《けやき》材、上方三本は檜材です。

なぜ、心柱は「総欅造り」ではなかったのでしょうか。

当時、欅材と檜材のどちらが高価だったのか、私にはわからないのですが、仮に、欅材の方が檜材よりも高かった場合、施工主や棟梁が、人の目に触れる心柱の初重部分には檜欅を使い、上部には建築費節約のために檜材を使った、というような現代人が考えそうなことは断じてしなかったと思います。

欅材は檜材よりおよそ一・五倍重い材です。

単純計算によれば、心柱をすべて欅材にした場合、九・二五トンの重量が約三トン増加し、一二・三三トンになります。また、心柱の下四分の一を重い欅材にし、上四分の三を軽い檜材にすれば、心柱の重心が下にいき、五重塔全体の安定性も高まることになります。

心柱の最下部材を欅材、上方三本を檜材にしたのは、現代人が考えるような「経済性」などのためではなく、大工棟梁の遠謀深慮の結果であると私は固く信じます。

五重塔の他の部分にも欅、檜材のほかに松、杉材も使われているのは事実です。

図5－3の○で囲んだ部分に注目してください。

相輪の基盤である露盤を支えるために心柱を囲んだ櫓《やぐら》状に組まれた短い柱が左義長柱《さぎちょうはしら》と呼ばれるものですが、心柱はその左義長柱の中間部付近から鎖で吊るされています。その鎖装着部の写真を図5－4に示します。総重量九トンを超える巨大な心柱が、五重塔の中

図5-4　善通寺五重塔心柱の鎖装着部

で宙吊りにされているのを目の当たりにした時の感動は、忘れることができません。

五重塔建造の木材の中で、最も念入りに選ばれ、加工され、そして最も太いのが、まさに〝大黒柱〟である心柱なのですが、それは、五重塔の構造物にまったく触れていないのです。そればかりか、宙吊りになっているのですから、五重塔の総重量約四〇〇トンの支えにはまったくなっていないのです。

心柱の下端部の写真を図5－5に示します。

心柱底部には二三センチメートル角、一二センチメートル長の柄《ほぞ》が施されており、礎石に穿《うが》たれた三三センチメートル角の柄孔《ほぞあな》に入っています。つまり、心柱の柄と礎石の柄孔と

図5-5　善通寺五重塔心柱下端部（善通寺宝物館・松原潔学芸員提供）

の間には五センチメートルほどの隙間があるはずなのですが、それぞれの中心が合っておらず、枘は東側（図5－5の写真では右側）に寄っていて、東側枘孔側面に接しています。

また、一九九三年の解体修理時の心柱枘先端と礎石枘孔底との間の隙間は九センチメートルでしたが、現在は六センチになっています。

ところで、私たちはいま、宙吊り心柱を持つ善通寺・四代目五重塔を目にすることができるのですが、前述のように、宙吊り心柱が登場するのは江戸時代後期になってからですから、江戸時代以前に建立された初代、二代五重塔の心柱は多分旧来の掘立型心柱で、宙吊り心柱ではないことは明らかです。

現在、宙吊り心柱の五重塔として知られているのは、善通寺のほかに、上野・寛永寺、日光東照宮、山形・善宝寺、青森・青龍寺などの五重塔ですが、いずれも江戸時代後期以降に建てられたものです。

江戸時代、一七八八年に建てられた善通寺・三代目五重塔の心柱については確証がありません。時代的に、宙吊り心柱と考えるのが自然だと思うのですが、『総本山善通寺五重塔修理工事報告書』（一九九三年）の中の三代目五重塔に関する記載である「宝暦一二年（一七六二）綸旨を賜り、明和元年（一七六四）一〇月八日一重柱立、明和二年（一七六五）初二重成就。安永六年（一七七七）八月二日三重目柱立。天明三年（一七八三）六月八日四重目柱立。天明四年（一七八四）一〇月一八日五重柱立。天明八年（一七八八）一〇月二五日成就」を読む限り、三代目の心柱は掘立型のように思われるのです。

図5－4に示しましたように、宙吊り心柱は五重の左義長柱から吊るされるわけですから、五重ができていなければ吊るすことができません。五重塔にとって心柱は何よりも重要な構造物ですから、「五重柱立」と「成就」の間に「心柱吊るす」というような記述があるべきだと思うのです。しかし、三代目五重塔の心柱が掘立型であれば、図2－5に示

しましたように、五重塔の建造は心柱を立てることからはじまりますので、右の記載で問題ありません。

私の推測が正しいとすれば、善通寺五重塔が宙吊り心柱構法を取り入れたのは、安政元（一八五四）年着工の四代目からということになります。この時の棟梁は初代橘貫五郎であることが記録に残っており、彼がどういう経緯で宙吊り心柱に決めたのか、とても興味があるのですが、想像の域を超えません。

前述のように、四代目五重塔は再建の綸旨を賜ってから一九〇二年の完成まで約六〇年を要したのですが、この間、初代橘貫五郎、二代橘貫五郎、大平平吉の三人の棟梁が指揮をとっています。

ところで、第3章112ページで述べましたように、日本の五重塔は空筒構造の楼閣式仏塔とは異なり、上層に登るような構造にはなっていません。日本の五重塔が楼閣や展望台のような実用的目的を持たないのは、これらの仏塔が純粋に仏教上の卒塔婆《そとば》であり、同時に〝見られる〟ことを目的とする建築物だからです。

なお、一般に墓のそばに立てる細長い板の「卒塔婆（板塔婆）」は右記の本来の卒塔婆を簡略化したものです。

この点、善通寺の五重塔はちょっと変わっています。二重以上の各層にも床を張り、梯子を設け、五重心柱東面に厨子《ずし》を取りつけて本尊である大日如来を安置しています。つまり、現在は一般参拝者が五重塔の中に入ることを許されていませんが、建立時の五重塔は参拝者を登らせ、五重での参拝を想定したように思われるのです。

現在の四天王寺の鉄筋コンクリート作りの五重塔は別にして、初重以上の層に登ることを想定している仏塔を、善通寺の五重塔のほかに私は知りません。この点において、善通寺五重塔は革新的だったのではないかと思われます。私自身、五重まで登り、御本尊に拝礼し、廻廊に出て、周囲を一望した時に大いなる開放感を覚え、五重塔の高さを実感しましたが、かつて五重まで登った参拝者は、私と同じような感動をしたに違いありません。

水没しない厳島神社

私は中学生の頃から神社仏閣、その境内の雰囲気が好きで、いままでにかなりの数の寺社を訪れていますが、異彩を放つものといえば、なんといっても「安芸《あき》の宮島」の厳島《いつくしま》神社でしょう。

広島湾に浮かぶ厳島（宮島）は中央に神と崇められる標高五三五メートルの弥山《みせん》がそびえたち、古代より島全体が神の島として信仰の対象とされ、以前は島内での人の居住が許されない神聖な島でした。

この厳島に神が鎮座し、社殿が作られたのは推古《すいこ》天皇元年（五九三年）といわれていますが、平清盛によって現代の姿へとつながる社殿が造営されたのは一一六八年のことです。

母屋にあたる本殿の床面積は出雲大社の二倍以上、一六五畳分相当で、日本の神社の本殿で最大のものとなっています。平家一門の隆盛とともに厳島神社も栄え、平家の氏神となり、平家滅亡後も源氏を含む各時代の権力者の崇敬を受けて威容を保ってきましたが、一二〇七年と一二二三年の二度の火災で建物のすべてを焼失しました。そのため、現在、私たちが見る社殿は一二四一年以降に造営されたものです。

厳島神社がきわめて特異なのは、大鳥居が沖合いにあり、祓殿《はらいでん》、拝殿、本殿、幣殿《へいでん》の四棟から成る本社社殿、およそ二七五メートルにおよぶ廻廊などの主要建造物がすべて海上にあることです。

いま「海上にある」と書いたのですが、じつは、この海域は干満の差が大きく（図5－

図5-6　厳島の干満の差（矢印）

6）、五〜六時間で干潮と満潮を繰り返し、潮位の違いにより厳島神社の様相が一変するのです（図5-7、5-8）。私はまだ行ったことがないのですが、フランス・ノルマンディー地方の小島、モン・サン・ミッシェルが似たような印象を与えるのでしょうか。

社殿が建つ島の北岸は、普段は波の穏やかな瀬戸内海の海域に面していますが、外海寄りに位置している左右楽房《がくぼう》、平舞台《ひらぶたい》などはしばしば高潮などの被害を受け、たびたび修理されていますので、古い部材は残っていません。私の記憶に新しいのは、廻廊が水没し左楽房が倒壊した二〇〇四年九月の台風一八号の時のことです。

しかし、本殿内陣は平清盛の時代以来八五

図5-7　満潮時の厳島神社大鳥居

図5-8　干潮時の厳島神社大鳥居

〇年間、一度も水没したことがないのです。それは、主要社殿は二〇〇年に一度の高潮でも水没しない位置を選んで建てられているからだといわれます。

当時の工匠たちは、長年の記録や経験を元に場所を厳選したに違いありません。事実として、台風の被害を受けるのは清盛時代には存在しなかった左楽房、右楽房、左門客神《さかどまろうどじん》社《じゃ》、右門客神社《うかどまろうどじんじゃ》などの社殿のみなのです。

平舞台、廻廊の床板は隙間を空けて張られていますが、これは高潮時の水圧を逃がすための工夫です。隙間なく張られていたら、水圧のために簡単に剥《は》がされてしまいます。

海上から大鳥居越しに厳島神社を眺めますと、朱色の美しい社殿の背後に木がうっそうと茂る山がすばらしい背景になっているのですが、この背後の山と前方の入り江は自然の風除けも果たしています。私は、厳島神社を訪れるたびに、そこに自然に抗《あらが》わない、まさに自然と共存する日本の匠たちの伝統的智慧というものをひしひしと感じます。

そして、推古天皇の時代から祀られてきた厳島の社殿を海上に造営するという平清盛の、それまでの誰もが考えなかった大胆な、天才的な着想に心から敬意を表します。

うっそうとした樹木に囲まれた一般的な神社と比べ、沖合に屹立《きつりつ》する大鳥居、海上の社殿を持つ厳島神社の開放的な景観はまことに特異ですばらしく、何度観ても飽きないのですが、そもそも、厳島神社はなぜ海上神殿なのでしょうか。

平清盛の大胆な発想は、彼が日宋貿易を通じて得た海についての知識、海に対する感性と無関係ではないと思われますが、厳島全体が神の住む島とされたため、島内の造営をはばかったという、あまりロマンがない常識的な説もあります。平清盛が「浮世」のことを想ったというのは考えすぎでしょうか。

もちろん、厳島神社の社殿の特徴の第一は、それらが海上に建っていることですが、もう一つの大きな特徴は、平安時代の貴族の大邸宅にみられた寝殿造《しんでんづくり》の様式が用いられていることです。切妻造《きりづまづくり》で屋根に反りがなく、両妻に棟持柱《むねもちばしら》を有することなどを特徴とする神明造《しんめいづくり》の一般的神社とは大いに異なります。

寝殿造は母屋の寝殿から鳥が翼を広げたような形で東西の対屋《たいのや》へと渡り廊下（渡殿《わたりどの》）で結ばれ、前面には庭や池が設けられます。池を海に、寝殿を拝殿に、南庭を祓殿に見立てると、そのまま厳島神社になります。平清盛は平安貴族の壮麗、雅《みやび》な邸宅を神の島・厳島に出現させたのですが、それが今日までほぼ忠実に守られ、保存されているというのは奇跡的なことに思われます。

これらの社殿は、地上の伝統的な建造物と同様に、礎石を据え、杭を立て、その上に板床を張る構造になっています。木製の杭は満潮時には海水に浸かるために腐食は免れず、定期的に点検し、腐食部分には根継ぎなどをして対処してきたのです。

雅な寝殿造とは似つかわしくない、荒々しささえ感じさせる迫力で本社社殿群の軸線上の海上にそびえたつのが大鳥居（図5－7、5－8）です。干潮時（図5－8）には真下まで行けるのですが、真下で眺める大鳥居は壮観です。高さは約一六メートルで、奈良の大仏の高さに匹敵します。さらに、約六〇トンといわれる重量感が間近で見る者を圧倒します。

鳥居の創建は平安末期の一一六八年ですが、それが「大鳥居」と称せられるようになったのは、鎌倉時代の一二八六年からです。柱の長さが約一四メートルという記録がありますす。しかし、その四〇年後の一三二五年の台風により倒壊、その後も何度か倒壊、焼失、再建が繰り返され、現在のものは一八七五年に再建された八代目です。

大鳥居の二本の本柱《ほんばしら》は樹齢五〇〇～六〇〇年の楠《くすのき》で、一番太いところで直径が三・六メートルあります。この二本の本柱の安定のために、それぞれ二本ずつの袖柱《そでばしら》が設けられています。このような構造の鳥居は「四脚鳥居」と呼ばれます。二本の本柱にも四本の袖柱にも戦後の根継ぎの跡（一部合成樹脂）が見られます。

その安定感から、大鳥居の根元が海底深く埋められているような錯覚をするのですが、じつは、根元は固定されておらず、自身の重さのみで立っているのです。

安定した地盤とは思えない海底の上に立ち、台風や地震などに耐えるための、平安時代からの匠たちの智慧は随所に見られます。

まず、海底部分には三〇～五〇本の松材を束ねた杭を打ち込んで地盤を補強し、その上に礎石を並べて基礎としています。さらに、大鳥居の木材の重量を補うために、鳥居最上部の笠木の下の島木を箱型の構造にして、その中にこぶし大の玉石を約七トン詰めて〝重《おも》石《し》〟としています。さらに、本柱と屋根が交差する部分には双方の動きや歪みを吸収するための楔《くさび》が打ち込まれています。

大鳥居は、このようなさまざまな工夫と仕掛けによって、海上にどっしりとそびえたつことができるのです。私は、厳島神社を訪れるたびに、平清盛の天才的な発想と古代の匠たちの智慧に畏敬の念を覚えずにはいられません。

厳島神社の背後の丘の上に、平安貴族の寝殿造とは趣《おもむき》がまったく異なる巨大な仏堂が建っています。厳島神社を深く信仰した戦国武将の一人である豊臣秀吉が建てた入母屋造《いりもやづくり》の経堂です。

図5-9　厳島神社千畳閣の天井木組構造

図5-10　厳島神社千畳閣の床下構造

天下統一を目前にした一五八七年、九州の雄・島津氏征討に赴《おもむ》く途中、厳島神社に参詣した時に秀吉が、戦没者供養のために毛利氏の外交僧・恵瓊《えけい》に命じて建てさせたものです。内部の広さが八五七畳に相当することから「千畳閣」と呼ばれています。

いま私が「建てた」「建てさせた」と傍点を付けたのは、じつは、秀吉の命令ではじまった経堂の造営が、一五九八年に秀吉が亡くなると中止され、落慶の日を迎えることがなく未完の状態で現在に伝えられているからです。

この「未完」のお蔭（？）で、建物の貴重な構造を実見することができます。天井《てんじょう》が一部しか張られていないために、屋根裏の木組構造（図5-9）を見ることができます。この構造を見て、何かを思い出しませんか。図4-8に示した東大寺南大門の大仏様内部構造と比べますと、いずれ天井が張られることを想定したためか、かなり粗雑で荒々しいのですが、同じような多重梁構造になっています。また、床下を覗きますと、礎石の上に乗ったたくさんの掘立柱を見ることができます（図5-10）。

なお、この巨大仏堂は江戸時代から現在まで、人々の納涼の場や土産物売り場として親しまれ、明治時代に「神仏分離」のために「豊国神社《ほうこくじんじゃ》本殿」に改称されています。

もう一つ、私が特筆したい建物は、千畳閣の前に建っている厳島神社の中の〝軽快なアクセント〟と思う五重塔ですが、この五重塔は室町時代（一四〇七年）に建立されたものですので、次章で扱うことにします。

第6章

禅宗影響下の鎌倉・室町時代

最先端の建築様式だった禅宗様

現代でも瞑想のために坐禅《ざぜん》する人は少なくないでしょう。坐禅そのものは古くから仏教の基本的実践の一つですので、なにも禅宗に限ったことではないのですが、坐禅から思い浮かべる仏教の一派が禅宗《ぜんしゅう》であることは確かです。

禅宗の歴史は西暦五二〇年頃、南インド出身の達磨《ダルマ》がシナに渡って布教したことにはじまるといわれています。日本では鎌倉時代、南宋時代のシナに渡って禅宗を学んだ栄西《ようさい》が一一九一年に帰国し、臨済宗《りんざいしゅう》を伝えたのがはじまりです。栄西が没した八年後の一二二三年に宋に渡った道元《どうげん》が一二二七年に帰国して広めたのが曹洞宗《そうとうしゅう》です。室町時代には幕府の庇護の下で、禅宗が大いに発展しました。

鎌倉時代には、仏教は一般民衆の信仰を集め、禅宗のほかにも浄土宗（法然）、浄土真宗（親鸞）、日蓮宗（日蓮）などの、現代まで隆盛を誇る宗派が出揃ったのですが、本書が述べる建築の分野で大きな影響を与えたのは禅宗で、それは禅宗様《ぜんしゅうよう》と呼ばれる日本の伝統的寺院建築様式の一つになっています。禅宗様が新しい建築様式として広く取り入れられたのは、それが、宋から伝えられた当時の最先端の建築様式だったからでしょう。

禅宗様に対し、飛鳥・天平時代にシナから伝えられた建築様式は、平安時代を通じて日本化し、和様《わよう》と呼ばれています。和様の特徴は住宅風に柱が細く、天井を低めにした穏やかな空間にあるといえます。禅宗様の特徴については、以下、実例で述べることにしましょう。

最古の禅宗様建築・安楽寺八角三重塔

安楽寺は長野県上田盆地の西はずれの夫神岳《おがみだけ》（標高一二五〇メートル）の一つの峰の中腹にあります。山門をくぐると、中腹を開いた平面に本堂、庫裏《くり》、講堂、経蔵、鐘楼、開山堂などが所狭しという感じで並び、そこから杉木立の中の道を登った一段高いところに全高約一九メートルの八角三重塔（図6－1）があります。一見、四重塔のようですが、一番下の大きな屋根は裳階《もこし》です。

いずれにしましても、〝四重塔〟という塔は文献に存在していませんし、実在したという記録も一切ありません。

第3章103ページで触れましたように、かつては法勝寺に八角九重塔（一〇八三年建立、一二〇八年落雷により焼失）がありましたが、安楽寺八角三重塔は日本に現存する唯

図6-1　安楽寺八角三重塔

一の八角塔であるとともに、全体が禅宗様で建てられた仏塔として稀有《けう》な存在です。

　禅宗寺院の仏塔としては、ほかに瑠璃光寺五重塔、向上寺三重塔、天寧寺三重塔などがあるくらいで、数としては少なく、さらにその中でも純粋な禅宗様のものというと、安楽寺八角三重塔以外にないのです。

　この塔の建立年代については、鎌倉時代末期から室町時代初期までの間といわれていましたが、二〇〇四年、奈良文化財研究所による年輪年代調査の結果、一二八九年に伐採された木材が初重内部の構造物に使われていることが判明し、鎌倉時代末期の一二九〇年代には建立されたことが証明されました。

したがって、安楽寺八角三重塔は、それまで日本最古の禅宗様建築とされていた一三二〇年建立の功山寺仏殿（下関市長府）を凌ぐことになりました。

禅宗様の特徴的な壁は、図６－１の初重正面にはっきり見られますように、土壁はほとんど使われない板壁であること、建物の扉は框《かまち》と縦横の桟《さん》を組んで桟と框の間に入子板《いれこいた》を嵌《は》め込んだ桟唐戸《さんからど》と呼ばれるものであること、また、屋根軒先の反り（軒反《のきぞ》り）が大きいことです。さらに、鎌倉期に建立された仏塔の一つの傾向でありますが、図６－１のように、初重が二重以上に比べ極端に大きく作られることです。

このように、禅宗様の建造物は、それらが一目でわかるような特徴を持っているのですが、私が最も注目するのは安楽寺八角三重塔の心柱《しんばしら》です。

第３章１１９ページの図３－９で示しましたように、仏塔の心柱にはさまざまな構法がありますが、鎌倉時代になりますと図３－９（ｃ）のように、塔の初重の梁《はり》の上に立てられる〝梁上型（初重天井上型）心柱〟の木塔が多くなります。

安楽寺八角三重塔の心柱は、この〝梁上型心柱〟です。相輪先端に至る長さ約一五メートル、下端直径約三〇センチメートルの檜材心柱が、初重天井上の梁の上に乗っています。初重は極端に大きい上に心柱がないため、広い空間となり、内部中央には禅宗寺院には珍しい大日如来像が安置されています。

二つの様式を折衷した厳島神社五重塔

前章で述べた厳島神社の社殿から少し離れた小高い丘の上に、総高二九・三メートル、檜皮葺《ひわだぶき》屋根、鮮やかな朱色の五重塔（図6－2）が颯爽と立っています。この丘は、一五五五年の厳島の合戦で、毛利元就《もうりもとなり》と戦って敗《やぶ》れた陶晴賢《すえはるかた》が陣を構えた場所としても知られています。

社殿はいつも観光客でごった返していますが、この五重塔や前述の千畳閣までくる観光客はそれほど多くはありませんので、比較的のんびりと眺めることができます。

創建は室町時代の一四〇七年で、この五重塔は珍しく焼失、崩壊の経験がなく、戦国時代の一五三三年に改修、一九一三年に解体修理、一九五一年に屋根葺き替え工事が行なわれて現在に至っています。

この五重塔の心柱も安楽寺八角三重塔の心柱と同様に、鎌倉時代～室町時代の建立の仏塔の特徴を示す〝梁上型心柱〟です。

建築様式は禅宗様と和様の折衷《せっちゅう》で、両者の特徴が見事に、美しく融合しています。

先述のように、禅宗様の顕著な特徴の一つは屋根軒先の反り（軒反り）が大きいことですが、安楽寺八角三重塔（図6－1）の屋根と比べましても、軒反りがさらに大きくなっています。

この大きな軒反りのためか、下から五重塔を見上げますと、まるで、いまにも飛びたとうとしている鳳凰《ほうおう》のような姿です（もちろん、ほんものの鳳凰は見たことがありませんが）。余談ながら、〝軒反り〟で私が思い出すのが、学生時代に何度か見に行ったことがある、岐阜県多治見市・永《えい》保寺《ほうじ》の観音堂、開山堂です。いずれも南北朝時代の建造です。

概して、軒反りが大きい禅宗様の建物は私の好みではないのですが、この厳島神社の五重塔は嫌いではありません。

それは、多分、この五重塔に和様が折

図6-2　厳島神社五重塔

衷され、禅宗様の〝強さ〟が緩和されているからだと思います。

具体的にいいますと、漆喰《しっくい》が塗られた白い壁です。この白と塔身の朱が美しいコントラストを生み出しています。図6－1の安楽寺八角三重塔に見られますように、禅宗様の特徴的な壁は板壁で、このような土壁はほとんど使われないのです。また、禅宗様の建物の扉は桟唐戸《さんからど》と呼ばれるものですが、厳島神社の五重塔の扉はいままでに示しました飛鳥〜奈良時代の仏塔と同じ、いかにも戸らしい一般的な板戸です。

信長と摠見寺三重塔

日本の歴史上の人物の中で、小説、伝記、あるいはテレビの歴史番組に最も多く登場するのは断然、織田信長ではないかと思われます。必ずしも、日本史上、最も人気がある人物というわけではないでしょうが、信長が歴史小説やテレビの歴史番組の題材として最も興味深い人物であることは確かだと思います。

信長をそのような歴史上の人物にした大きな要因は「本能寺の変」でしょう。もちろん、私の頭の中にあるのは信長の側近だった太田牛一が書き遺した『信長公記《しんちょうこうき》』や、無数の小説などから得た「信長像」で、それが必ずしも事実だとは思えませんが、少なくとも戦国時代の武将としては特筆すべき人物です。

信長が関係する歴史的事物の中で、私が最も興味深く思われるのは「安土城」です。本書では、意識的に城郭建築については述べないのですが、摠見寺《そうけんじ》三重塔の前段として簡単に触れます。

安土城は、信長が一五七六年、重臣の丹羽長秀《にわながひで》を総普請奉行に据え、標高一九九メートルの安土山に築城させた地下一階、地上六階建、日本ではじめての石垣の上に天主（天守）を持つ平山城です。

現在、私たちが常識的に知る城は、石垣の上に天守がそびえるものでしょう。天守／石垣を持つ城の嚆矢《こうし》は小牧山城、岐阜城ですが、じつはこれらは信長が建てたものです。安土城は天守／石垣形式の城の、いわば完成版なのです。

天主の高さは約三二メートルだったといわれています。ここで培われた築城技術が、安土桃山時代から江戸時代にかけて日本国中に建てられた城郭建築の範となったことを考えますと、安土城、そしてそのような城を建てさせた信長の画期性は明らかです。

現在は、安土山の四方とも干拓によって作られた陸地になっていますが、築城当時は琵琶湖の内湖に囲まれ、南方のみが開けた地形でした。

この安土城の築城の経緯は、小説『火天の城』（山本兼一）に臨場感溢れる筆致で余すところなく書かれています。数ある「信長小説」の中で、『火天の城』は私が最もわくわくしながら（二度も）読んだ小説です。

この安土城はわずか三年後の一五七九年に完成するのですが、それからわずか三年後の一五八二年、信長は明智光秀の「本能寺の変」で自刃し、この混乱の中で安土城も焼失、落城してしまいます。

現在は、両側が石垣で囲まれた大手道を上りきった山頂に、人の背丈ほどの石垣に囲まれた東西約二五メートル、南北約三〇メートルの台地に、約九〇個の礎石が整然と並ぶだけの天主跡があるのみです。

私は、夏の猛暑日、段差が高い石段が長く続く大手道を汗だくになって、息を切らしながら上ったのですが、こんなところに、イエズス会の宣教師ルイス・フロイスがいったような「ヨーロッパにもあるとは思えないほどの壮大さ」の城を建てさせた信長の途方もない権力の大きさと、大工や石工たちの想像を絶する苦労を思い知らされました。

ところで、この大手道の石段を注意深く見ながら上がって行きますと、ところどころに石仏が敷かれていることに気づきます。

もちろん、これらの石仏はおまいりのために置かれているのではありません。城普請に使われる木材や石材は近郊の山から採取されるのが普通ですが、信長が命じた「三年」という性急な工期のために、近隣の寺の解体によって得られた木材や石材として用いられた墓石や石仏も少なくなかったのです。墓石や石仏を踏みながら大手道を上り下りした人がいたということです。宗教心が薄かったといわれる〝革命児〟信長ならではのことと思われますが、信長のこのような所業に畏怖した家臣や職人は少なくなかったと思われます。

およそ四〇年前、安土城の「天主指図」が発見され、内藤昌名古屋工業大学名誉教授の説に基づき原寸大に復元された安土城最上部の五、六階部分が、安土城跡大手道入口から徒歩一五分ほどのところにある「信長の館」に展示されています。

これは、一九九二年のスペイン・セビリア万国博覧会の日本館メイン展示に出展されたものだそうで、正八角形の五階の上に正方形の六階が乗るという極めて特異な形の、金ピカ、真っ赤、豪華な天主です。これを見ますと、先述のルイス・フロイスの「ヨーロッパにもあるとは思えないほどの壮大さ」という表現の意味がよくわかります。もちろん、当時の日本人も度肝を抜かれ、信長の絶大な権力を実感したことでしょう。

大手道とは異なる道を下りますと、石垣に囲まれた狭隘《きょうあい》な土地に窮屈そうに建つ摠見寺

図6-3　摠見寺三重塔

三重塔（図6－3）に出会います。一般的にはほとんど知られていないと思われる三重塔です。私自身、山頂の安土城天主跡からの下りの道で偶然に知ったのです。

摠見寺は、安土城築城の際、信長が自らの菩提寺として創建させた寺でした。安土城と同様に、性急な信長は、甲賀郡を中心に近江各地から多くの建物を移築して、摠見寺を創建したのです。

一八世紀末の時点では、本堂、仁王門、三重塔、書院など二二棟の建物があったことが確認されていますが、現在、遺っているのは三重塔と仁王門のみです。

いずれにしましても、城内に伽藍《がらん》を備えた寺院が建立されたのは安土城のみです。墓石や石仏を石段に使った信長でも、自分の菩提寺を身近に置く必要があったのでしょう。人間的といえば人間的です。

三重塔は現在の滋賀県湖南市にある長寿寺から移築されたもので、創建は室町時代ですが、本瓦葺き、総高一九・七メートルの和様を基本にした塔です。棟柱に「享徳三（一四五四）年建立、天文二四（一五五五）年修理」の墨書きがあります。

この塔は、石垣に囲まれた草が生い茂る狭隘な土地に窮屈そうに建っていますので、いかにも廃寺という雰囲気があり、事実、痛みもかなり激しいように思われます。

安土城跡から下る途中まず目に飛び込んで来るのは、目の高さにある初重の屋根瓦です。五重塔や三重塔は下から見上げるのが普通ですから、摠見寺三重塔の見え方は異色で、屋根の四隅にある鬼瓦の表情をはっきりと見ることができます。

ところで、当時、近江地方には長寿寺の三重塔よりも大きな三重塔（総高二二・八メートル）が常楽寺にあり、信長の好みとしては、この威風堂々とした常楽寺三重塔を移築したかったのではないかと思うのですが、あえて、小規模の長寿寺三重塔を選んだのは、その立地条件の制約のためだったのでしょう。おかげで、常楽寺三重塔は助かりました。

私は、摠見寺三重塔を眺めながら、日本の歴史的建造物そのものの興味に加え、歴史的事実、歴史上の人物との絡みの面白さを実感したのです。

金閣寺で見つかった北山大塔の手がかり

二〇一六年七月八日、京都市埋蔵文化財研究所から衝撃的な発表がありました。金閣寺(鹿苑寺)敷地内から、巨大な仏塔の一部とみられる装飾品が出土したというのです。

この出土品は青銅製、表面が金メッキされたもので仏塔の先端に施される相輪(九輪)の一部と考えられています。出土品から推定される相輪の最大直径は約二・四メートルで、現存する最大の仏塔である東寺五重塔の相輪の最大直径が一・八メートルであることを考えますと、巨大な仏塔の存在が想像されます。

南北朝統合を実現した室町幕府三代将軍・足利義満は、将軍職を一三九四年に義持に譲っていますが、絶大な権力と財力を示すために、自分が住む北山殿に金閣と大塔(北山大塔)を建てたと推測されています。

北山大塔に先立って義満が建立したのが104ページに述べました高さ約一一〇メートルの相国寺七重塔ですが、この塔は一四〇三年、落雷のために焼失しています。義満が北山大塔の建設に着手したのは一四〇四年ですが、義満自身は北山大塔の完成を見ることなく一四〇八年に死去しています。

室町時代後期の書物に「北山に七層大塔」という記述があるそうで、北山大塔は少なくともほぼ完成の状態にあったと思われますが、一四一六年に落雷で炎上焼失しています。北山大塔の焼失後、四代将軍・義持が相国寺近くに大塔を再々建しましたが、これも一四七〇年に焼失しています。

このように、相国寺七重塔についても北山大塔についても文献上の記録はあったものの、いままで物的証拠がなかったのです。

こういうわけで、今回の相輪の一部と思われる物的証拠の発見は、関係者が長年待ち望んでいたものでした。しかし、北山大塔の基壇、礎石など建造物そのものの存在を示す遺構は発掘されておらず、建設場所の確定には至っていません。

それにしても、現存する最大の仏塔である東寺五重塔の二倍もの大きさの七重塔が金閣寺と並んで建っていたことを想像するだけでも、興奮がおさまりそうにありません。

第7章

創意工夫の江戸時代

偉大な発明・桟瓦

いま、都会では見られなくなってしまったのですが、日本を象徴する風景の一つは〝甍《いらか》の波〟だと思います。私が暮らしている静岡県の〝田舎〟では、まだ〝甍の波〟は健在で、特に新茶の季節、新緑の風の中で泳ぐ鯉のぼりとの調和はとてものどかです。

しかし、〝日本を象徴する風景〟とは書いたものの、じつは、瓦が日本に伝来してから約一〇〇〇年もの間、瓦葺《ぶき》は寺社建築や城郭建築に限られ、長らく一般家屋の屋根が瓦で葺かれることはなかったのです。

これは、瓦葺の屋根の重量に耐え得る建物には自ずと制約があったからです。重い瓦屋根に耐え得るほど強靱ではなかった一般家屋の屋根は軽い植物性屋根材を使った板葺、茅《かや》葺、柿《こけら》葺でした。さらに、瓦葺の頑強な建物は権力者たちの象徴でもありましたし、一般家屋に瓦葺を禁じることには戦略的な意味もあったのです。

ところが、江戸時代に〝屋根〟の事情が一変します。

「火事と喧嘩は江戸の華」といわれますように、江戸では世界でも類例がないほど大火が頻発し、都市の広大な市街地が繰り返し焼き払われました。慶長五（一六〇〇）年の「関ヶ原の戦い」の翌年から大政奉還が行なわれた一八六七年に至る二六六年間に、江戸では四九回もの大火が発生したといわれます。同じ期間、江戸以外の大都市の大火は京都が九回、大坂が六回などであり、江戸の大火の多さが突出しています（黒木喬《たかし》『江戸の火事』同成社）。

江戸の大火の中で世界史的にローマ大火（六四年）、ロンドン大火（一六六六年）とともに〝世界三大大火〟の一つに数えられているのが、一六五七年の「明暦の大火」（俗称「振袖火事」）です。

この「明暦の大火」で江戸の大半が被災し、この時、江戸城天守閣も焼失し、以来今日に至るも江戸城の天守閣は再建されていません。死者数についてはいくつかの説がありますが、最大で一〇万人余に達したといわれています。参勤交代などの影響で、当時の江戸の人口を正確に把握するのは困難ですが、一六四〇年頃に約四〇万、一六九三年に約八〇万と推定されていますので（『江戸の火事』）、「明暦の大火」の死者が一〇万人というのはべらぼうな数です。

この「明暦の大火」を契機として、江戸の都市改造、市区改正が行なわれ、さまざまな防火対策が講じられました。

例えば、火除地や延焼を遮断する防火線として広小路が設置されました。現在の地名である上野広小路などはその名残《なごり》です。また〝火消〟組織の充実や『鬼平犯科帳』で知られる「火付盗賊改」の登場も防火対策の一環でした。

江戸の〝屋根事情〟については有為転変《ういてんぺん》があります。

記録に遺る江戸期最初の大火は、全市が焼亡したとされる一六〇一年の大火ですが、この後、幕府は屋根を茅葺から板葺にするよう命じ、大名屋敷や町家でも瓦葺が増加しました。

しかし、大火の際、落下した瓦で怪我をする者が多かったという理由で、「明暦の大火」後、火に強いはずの瓦葺きが禁じられ、火が移りやすい植物性屋根材に、延焼防止の目的で土を塗ることが命じられます。

結局、後に瓦葺禁止令が解かれ、江戸には瓦葺の家屋が激増することになるのですが、それに多大な貢献をしたのが、画期的な瓦の出現だったのです。

一六七四年、三井寺の瓦工・西村半兵衛が本瓦葺として使用されていた平瓦と丸瓦を一体化し軽量化した桟瓦《さんがわら》（図７－１）を発明したのです。桟瓦の出現により、それまでの瓦の重量が半減しました。現在の日本の一般家屋の屋根瓦のほとんどは、この桟瓦です。

図7-1　桟瓦葺きの屋根

桟瓦は屋根葺き瓦の軽量化に加え、木型による大量生産によって、製造コストの大幅ダウンをも実現したのです。一般にはあまり知られていないのですが、桟瓦は日本の木造家屋を一変させた江戸時代の革命的大発明だと思います。

宙吊り心柱

第3章117ページで、仏塔の中心を貫く心柱について触れ、時代によってさまざまな構法があることを図3-9に示しました。心柱を上層の肘木《ひじき》や土居桁《どいげた》（梁）から吊り下げる〝懸垂型（宙吊り型）心柱〟（図3-9（d））という画期的構法が出現するのが江戸時代後期です。

その実例として図5－3～5に示したのが、善通寺五重塔の心柱です。図5－5では吊られている心柱の下端がややわかりにくいのですが、図7－2に示す青森・青龍寺五重塔の心柱の場合は、三〇センチメートルほど浮いている様子がはっきりとわかります。総重量四・五トンもの巨大な心柱が五重の土居桁から柱の周囲四点で吊るされているのです（図7－2（a））。

心柱が五重塔の構造物にはまったく触れていないことは、すでに述べました。実際、私は初重で図7－2（b）の心柱下端を押してみましたが、簡単に揺らすことができたのです。つまり、その時、天高くそびえる相輪も揺れていたことになります。

余談ですが、幸田露伴の名作に、私が大好きな『五重塔』という小説があります。腕は確かですが「のっそり」と渾名《あだな》される、うだつがあがらない十兵衛という大工棟梁が、紆余曲折の末に「谷中《やなか》・感応寺」の五重塔を建てる話です。

本書で述べてきました五重塔に関する知識を念頭において『五重塔』を読み返しますと、露伴の、とても想像で書いたとは思えないほどのリアルな筆致に驚かされます。例えば、「五重塔は揉まれ揉まれて九輪は動《ゆら》ぎ、頂上の宝珠は空に得読《えよ》めぬ字を書き、岩をも転ばすべき風の突掛け来り、楯をも貫くべき雨の打付《ぶつか》り来る度撓《たわ》む姿、木の軋《きし》る音、復《もど》る

図7-2　青龍寺五重塔の宙吊り心柱

姿《さま》、又撓む姿、軋る音、今にも傾覆《くつがへ》らんず様子」という具合です。

ちなみに、この「谷中・感応寺五重塔」のモデルになったのは、一七九一年に建立《こんりゅう》され、一九五七年に放火心中のために焼失した谷中・天王寺五重塔です。「感応寺」は、この天王寺の旧称です。

じつは、この谷中・天王寺五重塔の心柱が宙吊り心柱でした。

ちなみに、『五重塔』が書かれたのは一八九一年で、露伴二四歳の時です。

閑話休題。

私は、〝宙吊り心柱〟構法で青龍寺五重塔を建てた大室勝四郎棟梁に「心柱をなぜ宙吊りにしたのですか」と伺ったことがあります。答えは簡単明瞭で、「地震や大風に強い五重塔を作るには、心柱を宙吊りにするのが一番いいんです」ということでした。

当時、九二歳の大室棟梁は、一三歳の時から大工の仕事をし、小さい頃、やはり大工棟梁だった父親に乾燥する板の積み上げを手伝わされ、小遣銭をもらっていたそうです。せっかく積み上げた〝井桁の塔〟が風で倒され、崩れてしまうことがしばしばありました。

そうすると、努力が徒労に終わり、小遣銭をもらえません。

ところが、誰に教わったのか、図7－3のように、錘(石)を縄でくくり、それを横棒

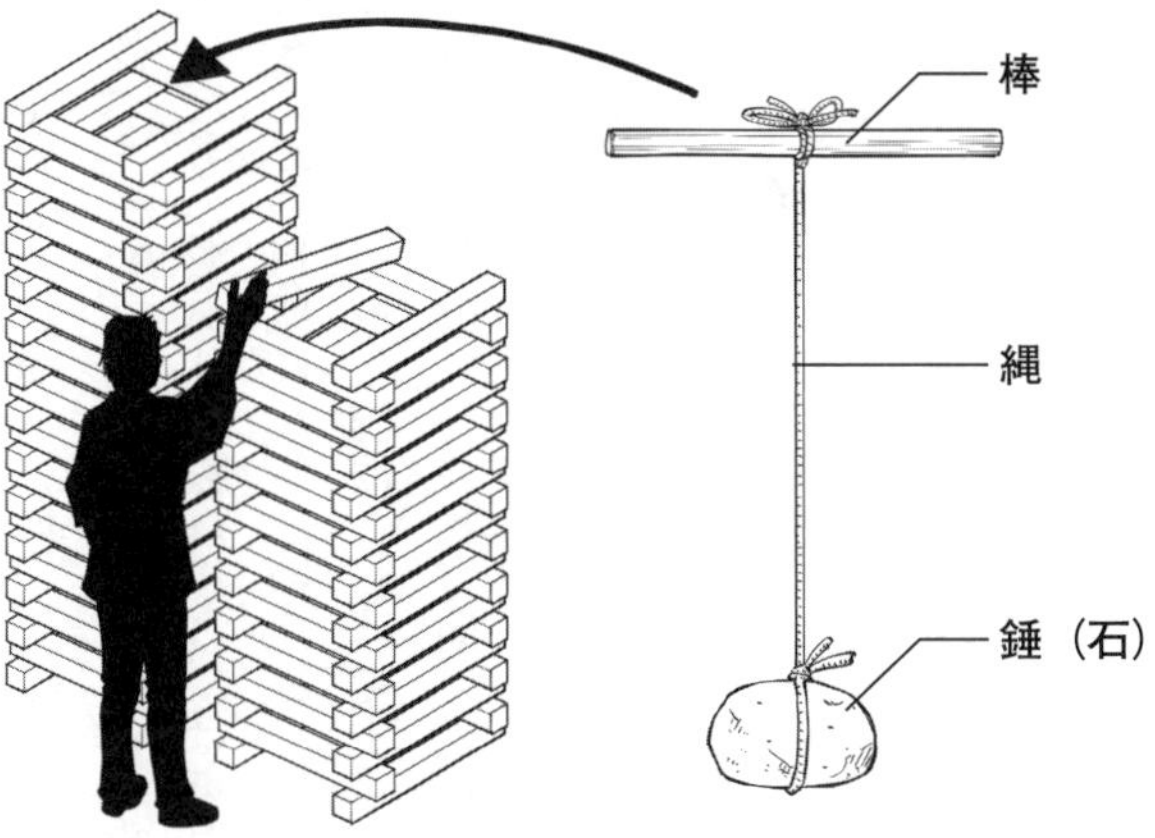

図7-3　乾燥材の“井桁の塔”が倒れるのを防ぐ宙吊り錘

に吊るして〝井桁の塔〟の上にかけると、相当の風が吹いても〝塔〟が倒れないことに気づいたといいます。この宙吊りの錘が、風に対してのみならず、地震の揺れに対しても大きな効果、つまり耐風性のみならず耐震性にも大きな効果があることは明らかです。

大室棟梁の子ども時代のこの経験が、それから八〇余年後の一九九六年、青龍寺五重塔の落慶につながったのです。

大室棟梁は「心柱を宙吊りにすれば、塔ができあがった後、何年かして部材が乾燥したり変形したりしても、塔が壊されないからいいんです」とも付け加えました。木材は基本的に乾燥すれば収縮します。また、荷重によって変形もします。つまり、木造の五重塔は建てられた後、完全に落ち着くまでの間に必ず縮み，変形するのです。

第4章132ページに、薬師寺西塔は東塔よりも約三〇センチメートル高くなっていると述べました。西岡棟梁によれば、東西両塔の大きさ、形状の違いは木材の乾燥収縮を考慮したものであり、数百年後には東西両塔が同じ高さになり、一〇〇〇年後には屋根が設計どおりの形状になるということでした。新しく建てられた西塔の木材はこれから数百年にわたって変形し続けるわけです。

収縮や変形は木材の軸方向（繊維方向）では小さいのですが、繊維に直角の方向では大きくなります。変形の少ない心柱に対し、屋根は大きく変形するので、心柱が固定されていると、五重屋根との間に大きな隙間ができて、激しい雨漏りを招き、ひいては木材を腐らせる原因になります。これを防ぐには、心柱を持ち上げて下部を切り詰めるほかないのですが、これは大変な作業です。

ところが、心柱が宙吊りになっていれば、図7-2（b）のように下部と礎石との間に隙間がありますので問題ないのです。よしんば心柱が下降し、隙間が狭められても、心柱下部を切り詰めるのは簡単です。建立後間もない青龍寺五重塔の心柱の下に、いまは三〇センチメートルほどの隙間がありますが、今後、年を経るにしたがってこの間隔が狭まっていくのであり、初期の間隔を三〇センチメートルにしたのは大室棟梁の経験に基づくものでしょう。

前述のように、善通寺五重塔の心柱柄《ほぞ》先端と礎石柄孔《ほぞあな》底との間の隙間は現在六センチになっていますが、もちろん、建立当時の隙間はもっと大きかったのです。また、日光東照宮五重塔の心柱は四層から鎖で吊り下げられており、その最下部は礎石の柄孔の中で約一〇センチメートル浮いているそうです。

それにしても、私は、江戸時代の大工棟梁が、よくも宙吊り心柱のような構法を考え出し、実現したものだと心から感心します。そのような構法を思いついた棟梁には、図7－3に示す大室棟梁と同じような経験があったに違いありません。いずれにしても、大型クレーンがない江戸時代に、数トンもの心柱を吊り下げるという匠たちの工夫と技に、畏敬の念を抱かざるにはいられません。

宙吊り心柱が五重塔の耐震・耐風性に果たす役割は、一種の「振り子作用」で説明できますが、二〇一二年に善通寺五重塔で行なわれた科学的手法による耐震性能評価実験結果の物理的解析結果によって、「極めて稀に発生する地震に対しても五重塔は倒壊しない可能性が高い」（『善通寺五重塔微振動測定等報告書』総本山善通寺、二〇一二）と結論されています。

螺旋の会津さざえ堂

江戸時代後期一八世紀の末頃、江戸以北の関東、東北地方に、それが内部に螺旋《らせん》階段を持つことや外観が栄螺《さざえ》に似ていることから「栄螺堂」と呼ばれる、特異な建築様式の仏堂がいくつか建てられました。歌川広重の「名所江戸百景」の中に、亀戸の「さゞゐ堂」が描かれたものがありますので、「さゞゐ堂」は江戸でも有名な存在だったのでしょう。

堂内は廻廊となっており、堂内に配置された三十三観音や百観音を、順路に従って、あたかも巡礼できるかのような構造になっています。右回りに三回匝《めぐ》ることで参拝がかなうようになっていることから、「三匝堂《さんそうどう》」が正式な名称です。

現在、関東、東北地方に六棟遺っており、そのうち四棟が方型（四角）堂、二棟が六角堂ですが、特筆されるのが福島県会津若松市の飯盛山《いいもりやま》にある「会津さざえ堂」です。

この外観を図7-4に示しますが、高さ約一六・五メートル、文字通り〝さざえ〟を思わせる奇怪な形状の木造六角堂です。礎石の上に立つ中心の六本の心柱（円柱）と外から見える六本の隅柱《すみばしら》（六角柱）で全体を支えています。一七九六年の創建ですが、内部は明治初年の大修理のため原型の多くは失われています。

方型の四棟のさざえ堂には、直線状の階段とスロープが設けられているのですが、この会津さざえ堂の特筆すべき点はなんといっても、その内部に二重螺旋《らせん》スロープが設けられていることです。一八三九年建立の弘前・長勝寺六角さざえ堂の外観は会津さざえ堂と似

図7-4　会津さざえ堂

図7-5　二重螺旋構造

図7-6　さざえ堂内部昇りの螺旋スロープ

ていますが、右回りの廻廊と直進階段が併用された内部構造になっています。

〝二重螺旋構造〟からすぐに思い浮かべるのは、地球上の多くの生物の遺伝情報の継承と発現を担《にな》うＤＮＡの構造ではないでしょうか。会津さざえ堂の内部には基本的にＤＮＡと同じ構造の図７－５の二重螺旋スロープがあり、正面入口（図７－４の左側）から入ると右回りのスロープ（図７－６）が螺旋状に昇《のぼ》り、頂上（図７－５の上端）で太鼓橋（図７－７）によって左回りの降《くだ》りの螺旋スロープとつながり、背面出口（図７－４の右端）に通じています。このような二重螺旋スロープによって、他者とすれ違うことなく堂内の巡礼がスムーズに一方通行でできる仕組みで

図7-7　さざえ堂内部螺旋スロープ頂上の太鼓橋

す。

階段ではなくスロープを用いたのは、参拝しながら昇り降りする時の足もとの不安を除くためと思われますが、現在のさざえ堂の所有者・飯盛正徳氏に堂内を案内された私には、スロープの傾斜はかなり急に感じられました。

創建当時、このさざえ堂は正宗寺《しょうそうじ》の仏堂であり、堂内には本尊の阿弥陀如来と三十三観音像が安置されていましたが、明治初期の廃《はい》仏毀釈《ぶつきしゃく》で正宗寺は廃寺となり、堂内にあった阿弥陀如来と三十三観音像は他所へ移され、以降は、会津藩師弟の道徳教本として会津藩八代藩主・松平容敬《かたたか》公の命によって編纂された「皇朝二十四孝《こうちょうにじゅうしこう》」の絵額が取り付けられ、今日に至っています。

昭和四〇（一九六五）年、会津さざえ堂の学術調査を行なった小林文治日大教授によれば（「朝日新聞」一九七二年一一月二〇日夕刊）、二重螺旋のスロープを組み合わせた例はレオナルド・ダ・ヴィンチのスケッチにあり、パリの中世建築に例があったといわれていますが、実物は現存していないそうです。

つまり、会津さざえ堂は二重螺旋スロープを持つ、世界で唯一の建造物ということになります。一九九五年には重要文化財に指定されました。本来であれば日本の国宝として、国が責任を持って長く維持管理すべきだと思いますが、「個人所有」の建造物ということもあり、現状は修理もままならず非常に厳しい状況にあります。

ところで、会津さざえ堂は前述のように一七九六年、当時の住職・郁堂《いくどう》が建立したものとされていますが、郁堂はいかにして「二重螺旋スロープ」の発想を得たのでしょうか。

すでに、第2章以降で述べてきましたように、日本の伝統的建造物はシナから渡来した技術に負うところが多く、それらは近畿地方を中心に全国に拡がっていったのですが、「さざえ堂」という建造物は、その近畿地方には見られず、江戸以北東北地方に限られていますし、中でも二重螺旋スロープを持つものは会津さざえ堂のみなのです。このこと自体、非常に不思議なことに思われます。二重螺旋構造が、まるで、降って湧いたように会津に登場したのです。

飯盛家先代当主・飯盛正日《まさにち》氏が、「さざえ堂と飯盛家」と題する興味深いメモ（一九九六年八月一四日付）の中に、「私等が先々代伯父正利、先代父正成から伝えられた説によれば、考案者郁堂《いくどう》和尚は、当時江戸をはじめ諸国にあったさざえ堂にならい、建立の構想を練っていた時、或夜二重紙縒《こよ》りの夢を見て『これだ』とこの構造を思いついたという。私の小学生の頃（昭和初期）でも、紙縒りは手工の時間に実習させられたものであり、二重、多重の紙縒りも教えられたことを思えば、あながち不自然な発想ではないと感じている」と書き遺しています。

私は長年自然科学の分野で研究生活を送ってきた者ですが、私自身も夢の中で「これだ！」というアイデアが閃《ひらめ》いたことは何度かありますし、科学史の中でも「夢の中で閃いた大発見」の逸話は少なくありません。

というわけで、私は郁堂が二重紙縒りの夢からさざえ堂の二重螺旋スロープを思いついたという話も「さもありなん」と思うのです。

しかし、小林文治日大教授は、建築史を専門とする立場から「さざえ堂の二重螺旋スロープ」の出現について、前掲「朝日新聞」掲載の論文の中で、以下のように考察していま す。若干長くなりますが、とても興味深い話ですので引用させていただきます。

吉宗による享保五年（一七二一）の洋書解禁によって、多くの洋書がオランダから輸入され、医学、絵画その他について新知識がもたらされた。蘭学者の平賀源内によって、写実と透視画法に基づく洋画に開眼した人々の中に、秋田藩主で画家でもあった佐竹曙山《さたけしょざん》がいた。そのスケッチ帳にある二重らせん階段の図は、初期洋画の研究者の間では早くから知られ、洋書からの写しと考えられていた。最近、これが一六七〇年にロンドンで出版されたジョゼフ・モクソン著『実用透視画法』の第三十五図の写しであることをつきとめることができた。つまり、二重らせん階段の構想は、曙山の晩年（一七八五年没）には、輸入書を通して日本の一部の人々の間に知られていたのである。

不幸にして曙山のグループとさざえ堂とを結ぶ歴史の糸は定かではない。しかし西欧の空間概念の理解なしに、日本の仏堂建築の伝統の中から突如としてさざえ堂のごとき異質の構想が生れたとは、どうしても考えられない。

ユニークな構想からなる会津のさざえ堂も、モクソンの著書を通して、遠くダビンチにまでつながっていたのである。しかも西欧の例が単なる通路であったのに対し、中心部に観音像を配し、あたかもライトのグーゲンハイム美術館を思わせるような会津さざえ堂の建築計画は、単なる模倣ではなく、天才的な創造とみるべきだと思う。

会津さざえ堂の二重螺旋スロープの発想が郁堂の夢の中から生まれたものなのか、遠くダ・ヴィンチにつながるモクソンの著書から生まれたものなのか、それは確かめようがないことですが、いずれにしても、会津さざえ堂が、日本が世界に誇る歴史的建造物であることに間違いはないでしょう。

日本三「奇橋」

日本には三名園、三名山、三美林、三名城、三瀑、三景などなど「三〜」と呼ばれる名所がたくさんあり、「三〜」などといわれると、私はすべて行ってみたくなる性質《たち》で、いままでにかなりの数の「三〜」に行って来ましたが、ここで述べる山口県岩国市の錦帯橋《きんたいきょう》（図7-8）は「日本三奇橋」の一つに数えられている「奇橋」です。ほかに一般的に

図7-8　完成直後の“平成の錦帯橋”（海老崎粂次棟梁、岩国市提供）

「日本三奇橋」に数えられているのは、山梨県大月市の猿橋《さるはし》と栃木県日光市の神橋《しんきょう》です。

この「奇橋」というのは「構造が変わっている橋」という意味ですが、ほかに「日本三名橋」といわれる橋もあり、ここに数えられるのが錦帯橋、長崎市の眼鏡橋《めがねばし》、東京の日本橋です。つまり、錦帯橋は「日本三奇橋」の一つであると同時に、「日本三名橋」の一つでもあるわけですから、「日本一の橋」と呼んでもよいでしょう。

私自身、「日本三奇橋」と「日本三名橋」の五橋をすべて見ていますが、スケールの大きさ、構造、周囲の景観、歴史などの観点からいえば、錦帯橋が間違いなく「日本一の橋」だと思います。

以下、この錦帯橋について詳しく述べるのですが、せっかくですから、ほかの「二奇橋」の神橋（図7－9）と猿橋（図7－10）について簡単に触れておきましょう。

日光駅から東照宮に向かってゆっくり歩いて三〇分のところに、大谷川《だいやがわ》の清流に古くから神聖な橋として架けられたのが神橋です。この橋を渡って、東照宮境内に入って行くことになります。

全長二八メートル、幅七・四メートル、水面よりおよそ一〇メートルの高さに架かるアーチ型の木造反り橋です。もともと、奈良時代の末に神秘的な伝承によって架けられたようですが、江戸時代になって東照宮が造営された一六三六年、東照宮をはじめとする日光山の表玄関にふさわしい現在の朱塗りの橋に造営されました。橋を支えるのは二本の石造の橋脚です。朱塗りに加え、なだらかな反り、そして高欄に立つ一〇本の親柱を飾る擬宝珠《ぎぼし》が日光山、大谷川の雰囲気にじつによく溶け込んでいます。

猿橋は桂川の両岸が崖となってそそりたち、幅が狭まったところに架かる全長三一メートル、幅三・三メートル、水面よりおよそ三〇メートルの高さに架かる刎橋《はねばし》です。

刎橋というのは、両岸の岩盤に穴を開けて刎《は》ね木を斜めに差し込んで中空に突き出し、その上に下より少しだけ長い刎ね木を何層にも重ねていき、中空に向けて遠く刎ね出した

図7-9　神橋（二荒山神社提供）

図7-10　猿橋（大月市観光協会提供）

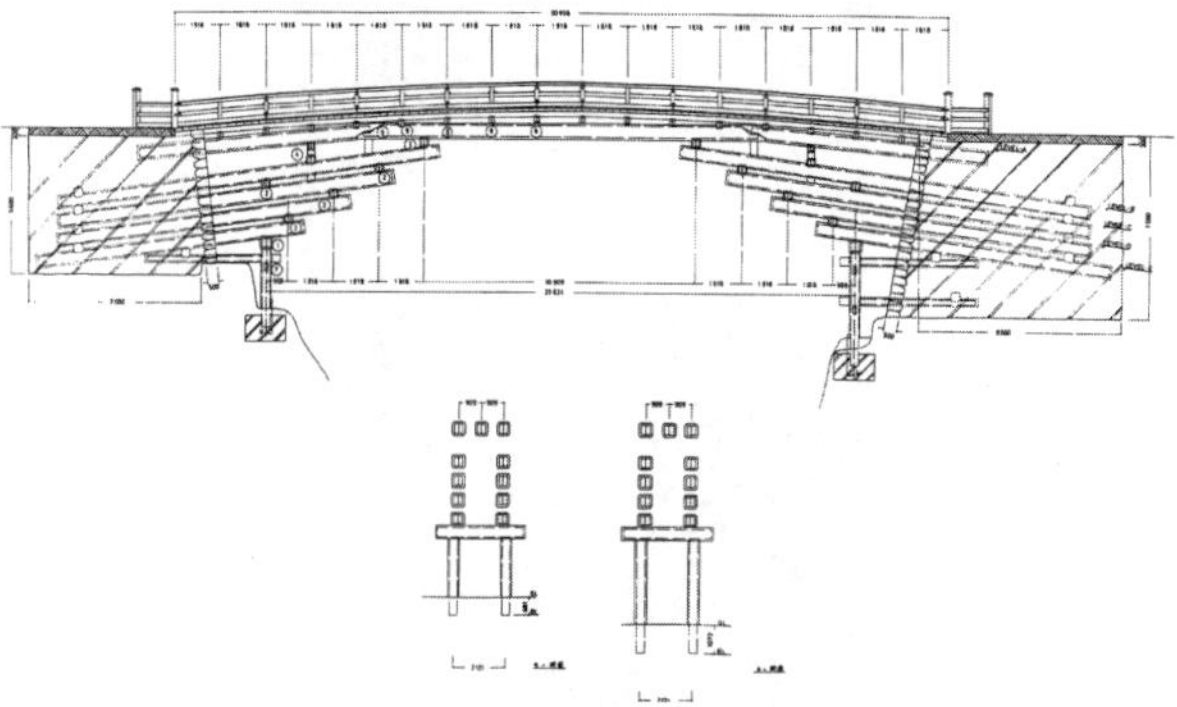

図7-11　猿橋の構造（海老崎粂次棟梁提供）

基盤の上に板を敷いた構造の橋です（図7－11）。このような構造にすることによって、橋脚を立てずに架橋することが可能になります。

猿橋では、斜めに出た刎ね木やそれと直行する横の柱の上に屋根を取りつけて、雨による腐食から保護しているのですが、それが、デザイン的にもとてもよい装飾になっています。

この技法は、古代エジプト、古代ローマなどの石造建築に用いられた、小さな部材を垂直方向に少しずつ前面に出すように構築して空間を作る「持ち送り式」（前掲『古代世界の超技術』）と基本的に同じ発想です。

猿橋の架橋については古代、七世紀頃から

図7-12　歌川広重「甲斐 さるはし」

の伝承がありますが、一五二〇年の記録（『勝山記』）に猿橋の架け替えを行なった記事があることから、戦国時代に存在していたことは確かでしょう。そして、いくつかの史料によれば、一七世紀後半には現在と類似の刎橋構造になっていたようです。

江戸時代、刎橋は猿橋以外にもいくつかあったようですが、猿橋が最も有名で、葛飾北斎が文化一四（一八一七）年、『北斎漫画七編』の中に「甲斐の猿橋」を描いています。また、歌川広重も一八五〇年頃、『六十余州名所図会』の中に「甲斐 さるはし」（図7-12）を描いています。この絵は、紅葉の中の猿橋を下から見上げた構図で、「刎橋」の構造がはっきりとわかります。北斎、広重とい

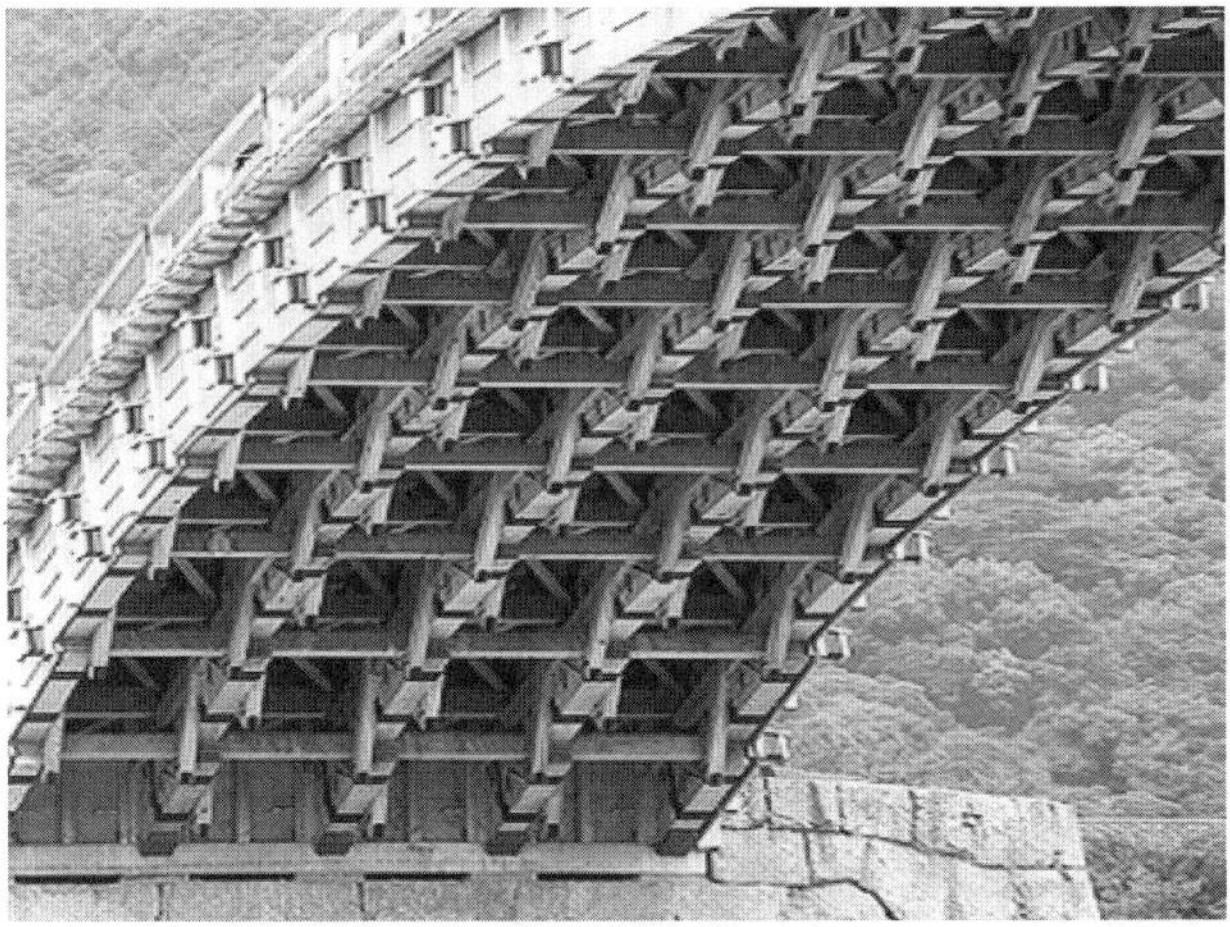

図7-13　錦帯橋裏側の木組構造（海老崎粂次棟梁、岩国市提供）

う当時の人気絵師が描いているくらいですから、江戸時代の人たちに広く知られた「奇橋」の一つだったのでしょう。

　現在の猿橋は一九八四年に岸の基盤をコンクリートで固め、一部の部材をH鋼に変え、その上に木の板を取りつけて架け替えられたものですが、嘉永四（一八五一）年の猿橋を復元したものといわれています。

錦帯橋の美しさの秘密

　さて、これから本題の、私が名実ともに日本一の名橋と思う岩国の錦帯橋の話です。

　錦帯橋は錦川に架かる全長一九三・三メートル、幅員五メートル（有効幅員四・二メートル）の五連木造アーチ橋です。

図7-14　錦帯橋内部木組構造（海老崎粂次棟梁、岩国市提供）

図7－8の左側から順に第一橋、第二橋、……と呼ばれ、それぞれの径間《けいかん》（橋の長さ）は順に三四・八、三五・一、三五・一、三五・一、三四・八メートルで左右対称になっています。

この橋の美しさは、なんといっても、その五連のアーチ構造にあります。私は、図7－8のように遠くから錦帯橋を眺めるたびに、因幡《いなば》の素兎《しろうさぎ》が海の上に並んだ鮫の背中をぴょんぴょんと渡って行く軌跡のカーブが思い浮かびます。出雲神話によれば、この素兎は鮫を欺いたということで皮を剥ぎ取られてしまいますので、美しい錦帯橋のたとえ話としてはあまり適当ではないのですが、そのカーブがじつに軽快で美しいと思うのです。

そして、形状的にも構造的にも、惚れ惚れするほど美しいのが、継手《つぎて》や仕口《しぐち》といった組木の技術に支えられた木組みです。第3章113ページに「五重塔の中は木組みの塊」と書きましたが、五重塔の中の暗さと狭さのためか、その木組みを美しいとは思えませんでした。しかし、錦帯橋の木組みはじつに美しいのです。

いま、錦帯橋の内部の木組み構造を見ることはできませんが、錦川の川原に下りて、錦帯橋を下から見上げれば、図7－13のような美しい木組みアーチが見られます。

また、図7－14は歩行者が渡る橋板《はしいた》直下の見事な木組みです。これは、二〇〇一年から二〇〇四年にかけて行なわれた五〇年振りとなる「平成の架け替え」の総指揮をとった江戸時代から続く橋大工一一代・海老崎粂次《えびさきくめつぐ》棟梁からいただいた貴重な写真です。下から上に向かってアーチ構造になっている木材のステップに置かれた橋板の上を、私たちが歩くことになります。

図7－13、図7－14に示されるのは、錦帯橋のほんの一部ですが、錦帯橋全体にはおよそ四一〇立方メートル、二〇〇トンという膨大な量の木材、そして合計二万余の構造材、トラス材、化粧材、小物材などが使われています。

とはいえ、その量がどれほど膨大なものなのか見当がつかないというのが私の正直な気

樹　種	使用量(㎥)	使用個所	重量(t)	調　達　先
松（まつ）	156.4	桁、梁	82.9	新潟、山形、福島、広島、山口（最高樹齢約200年）
檜（ひのき）	151.8	板橋、高欄部板	62.2	長野（木曽）※平均木覗く（最高樹齢約300年）
欅（けやき）	66.0	桁、敷梁	40.9	岐阜、島根、山口、広島、鹿児島
ヒバ	29.8	橋杭、貫	12.2	青森（下北半島）（最高樹齢約250年）
栗（くり）	5.9	雨覆	3.3	新潟、山口
樫（かし）	0.8	ダボ	0.6	山口
合　計	410.7		198.8	（仕上げ寸法で調達）

表1　綿帯橋使用木材一覧（海老崎条次棟梁提供）

持ちですが、感服させられるのは、海老崎棟梁ら関係者のこだわりは、〝適材適所〟な木材の使い方をするために、全国各地からさまざまな木材の一級品を集めたことです。その使用木材一覧を表1に示します。

表1からわかることですが、強い力がかかる部分には欅《けやき》、強く長い部材が必要な部分には松、私たちが歩く橋板や欄干などは水に強く、美しい色合い、柔らかさ、耐久性ともに優れている木曽檜というように、まさに文字通りの〝適材適所〟が貫かれています。

そして、人の目に触れる木材は可能な限り無節材《むぶしざい》で、橋板は一平方メートルにつき直径七五ミリメートル以内のものが四個以内という徹底振りです。

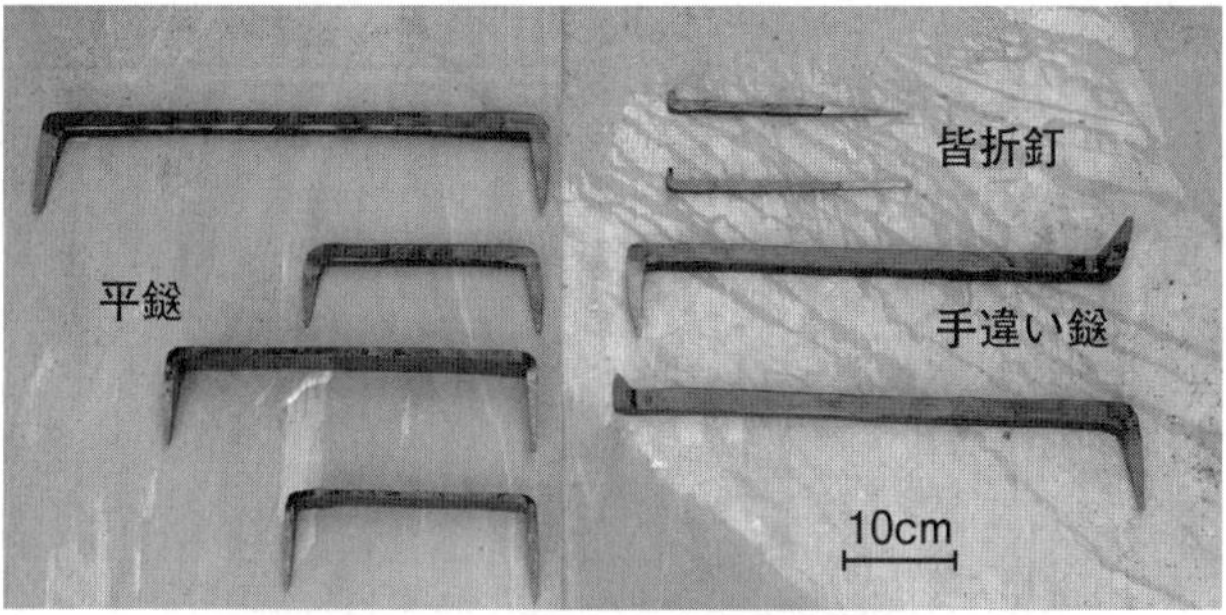

図7-15　錦帯橋に使われた和釘と鎹（白鷹幸伯鍛冶提供）

飛鳥、奈良時代の主要な建材が針葉樹の檜に限られていたことを考えますと、錦帯橋は室町時代以降の大工道具の発達と、それらを用い、多様な木材を適材適所に使いこなす伝統的大工技術の頂点を目の当たりにする思いです。

錦帯橋は上記の木材を用いた木組み構造の橋ですが、橋板を留める釘、木材と木材をつなぎ合わせる鎹《かすがい》などの鉄材も使われています。釘は皆折釘《かいおれくぎ》と呼ばれる江戸時代の様式の和釘です。野ざらしになる橋の場合、例えばステンレス製の釘と比べると鉄製の釘が錆びやすいのは事実ですが、海老崎棟梁の「ステンレスは江戸時代には存在しない素材なので、やはり創建時と同じ江戸型の皆折釘を使いたい」というこだわりで、すでに何度も登場しました伊予松山の白鷹幸伯鍛冶に白羽の矢が立ったのです。

結果的に、橋板の押さえに用いられた長さ六寸、二・五分角の和釘ほか、六種類のおよそ一万七五〇〇本の皆折釘とさまざまな形状、大きさの平鎹、手違い鎹、角鎹がおよそ一万一三〇〇本が、白鷹幸伯鍛冶と息子の興光さんによって薬師寺再建の和釘に使われた高純度丸鋼からの鍛造によって製作されました。図7－15にさまざまな形状、大きさの平鎹、手違い鎹、角鎹と皆折釘の一例を示します。図7－14に重ねられた木材をつなぎ合わせる平鎹が見られます。

これらの和釘や鎹は大量生産できるわけでなく、文字通り、一本一本の手作りです。赤く焼けた丸い鋼材をベルトハンマーの下で、白鷹鍛冶が手首を回転しながら、慣れた手つきで徐々に四角に、先細りに作り、最後に頭部をハンマーでたたき、皆折釘が完成します。

私はいままでに何度も、白鷹鍛冶が飛鳥、天平、平安などさまざまな時代の和釘を作る現場を見学させていただきましたが、「これぞ職人技！」という技にいつも感動させられます。海老崎棟梁は白鷹鍛冶のことを〝鉄匠〟と呼んでいます。海老崎棟梁が私に語ってくれた「鉄匠の心を込めた釘に負けないようにと、大工たちに指示し、足掛け三年の工期を経て平成の錦帯橋は見事に完成した。渡り初めの後、鉄匠と二人で檜の橋板の上を歩きながら、白鷹鉄匠に出合えて本当にありがたいと心底から喜びが湧いてきた」という言葉は感動的でした。

本当は、ここで書くようなことではないのかもしれませんが、海老崎棟梁の許可を得て、秘話を一つ明かします。

先ほど、錦帯橋の幅員が五メートルであることを書きましたが、じつは、それぞれのアーチ橋の両端の幅は一〇センチメートル広い五・一メートルになっています。いいかえれば、アーチの頂点部分の幅を一〇センチメートル狭くしているのです。

もちろん、これは意識的なことで、古代ギリシャ時代からパルテノン神殿などに取り入れられている「錯視補正《さくしほせい》」と呼ばれる技法（前掲『古代世界の超技術』参照）なのです。一般的に「錯視補正」とは、建築寸法に完全な直線や長方形を用いると、実際の建造物が撓んだり歪《ゆが》んだりしているように見えてしまうのを防ぐために、意識的に曲線を加えるなどして〝錯視（錯覚）〟を補う（補正する）技法です。

錦帯橋の場合、海老崎棟梁の話では、アーチの下から見上げた時、この一〇センチメートルの違いが、アーチのカーブを美しく見せるということです。もちろん、実際にアーチ橋の幅が下から上まで同じ五メートルの場合と見比べることはできないのですが、祖父・粂次郎、父・奈良次郎に続き三代にわたって〝錦帯橋一筋〟の海老崎棟梁がいうからには、そうなのだと思います。

錦帯橋の波乱万丈の歴史

現在の錦帯橋は、上記のように、二〇〇四年に五〇年ぶりに架け替えられたものですが、錦帯橋には岩国藩初代藩主・吉川広家《きっかわひろいえ》が一六〇一年に城下の町割りを行なった時からの長く波乱万丈の歴史があります。城郭、藩庁がある横山（図7－8の右側）と多くの家臣が住んでいる錦見《にしみ》（図7－8の左側）を隔てる錦川に橋を架けようとしたのですが、錦川の底は一〇メートル以上掘っても砂利質のため、普通の橋脚がある橋では川の流れに耐えられず、洪水によって何度も流失を繰り返していました。

一六五九年に二代藩主・広正《ひろまさ》の架設した橋が流失した時、三代藩主・広嘉《ひろよし》は、橋脚のない橋、つまり反り橋（アーチ橋）の架橋を考え、家臣に検討を命じました。この時の調査対象の中に、前述の橋脚のない猿橋も含まれていたようです。しかし、川幅三〇メートルのところに架けられている刎橋の猿橋に対し、二〇〇メートル近い川幅がある錦川に刎橋はもちろん、アーチ橋を架けるのは当時の技術では無理でした。

一六六四年、明《みん》の帰化僧・独立《どくりゅう》から杭州の西湖に島伝いに架けられた六連の反り橋があることを知らされ、錦川に洪水に耐えられる堅固な石垣の橋台を作り、そこに連続した反り橋を架けるという発想を得たようです。

そして、およそ一〇年後の一六七三年に、現在のような五連アーチ橋の初代錦帯橋が完成するのですが、翌一六七四年、洪水によって流失してしまいます。しかし、同年、橋台の敷石を強化して再建され、この二代・錦帯橋が一九五〇年のキジア台風で流失するまでの二七六年もの長い間、美しい姿を誇ってきたのです。

一九五〇年の流失の原因の一つとして、前年、米軍が岩国基地の滑走路を拡張した際に、錦帯橋付近から大量の砂利を採取したことが指摘されています。

この錦帯橋流失の翌年二月には再建起工式が行なわれ、一九五三年五月に三代・錦帯橋が完成したことは驚異です。岩国市民の熱意の賜《たまもの》でしょう。

これ以降、約半世紀にわたって多くの人々を楽しませてきた錦帯橋ですが、木造橋の宿命である腐朽による傷みが目立つようになったため、二〇〇一年から二〇〇四年にかけて五〇年ぶりの「平成の架け替え」が行なわれました。

橋体部分の架け替え工事は、錦川の水量が減る各年の晩秋から早春の時期に施工されました。この総事業費は二六億円といわれています。このうち、国や県からの補助金は約三億円で、残りは錦帯橋基金、市民からの寄付によってまかなわれたそうですから、関係者の熱意には頭が下がります。

私も、渡り初め式の直後、海老崎棟梁の案内で真新しい橋板に打ちつけられた白鷹鍛治工房製作の皆折れ釘の頭を眺めながら、四代・錦帯橋を渡らせていただきました。

ところが、翌二〇〇五年九月、台風一四号による錦川の増水急流のために、第一橋の橋脚二基が流失してしまいます。しかし、またまた岩国市民、関係者の尽力により、翌年二月には修復工事が完成し、現在に至っています。

もちろん、歴史的に、錦帯橋は流失、崩壊するたびに、技術の改良が繰り返されてきたわけですが、錦帯橋が自然の中の錦川に架かる橋である限り、今後も自然災害による被害を想定しなければなりません。

そこで、現在、岩国市で架け替えを二〇年サイクルで行なうという提案が出されています。二〇年後に構造的に最も負荷がかかる第二、三、四橋の架け替えを行なうのですが、その際、第三橋をすべて新しい材料で架け替え、解体された材のうち活用できるものは第二、四橋の部材の一部に使うという考えです。二〇年ごとに同様の作業を繰り返し、第一、五橋は六〇年ごとに架け替えられることになります。

架け替え工事自体を伊勢神宮の「式年遷宮」のような定期的行事にすることによる宣伝

効果、集客効果を見込むこともできそうです。いずれにしても、さまざまな伝統的技術分野で、卓越した職人による技術の伝承が危ぶまれている現在、錦帯橋のような貴重な文化遺産をきちんと守っていく方策が必要でしょう。

錦帯橋の技術と伝統

錦帯橋は川幅約二〇〇メートルの錦川に架かる五連の木造橋で、中央三連が四つの橋脚を持つアーチ橋、両端が桁橋《けたばし》構造を持つ反橋《そりばし》となっています（図7－8）。このような構造形式の木造橋は世界唯一のものです。そこで現在、ユネスコの世界遺産登録推進運動が進められています。

じつは、古代ローマ建築の特徴の基本にあるのが、図7－16（a）に示すアーチ構造なのです（前掲『古代世界の超技術』）。アーチは、中央部が上方向に凸な曲線形状をした梁《はり》のことです。いわば二次元構造であるアーチを三次元構造に拡げたのが、（b）のヴォールトです。トンネルはヴォールトの典型的な構造物です。アーチを回転させたものが、（c）のドームです。

これらのアーチ形状では、垂直方向の荷重の大部分は両端の支点に伝えられるので、梁

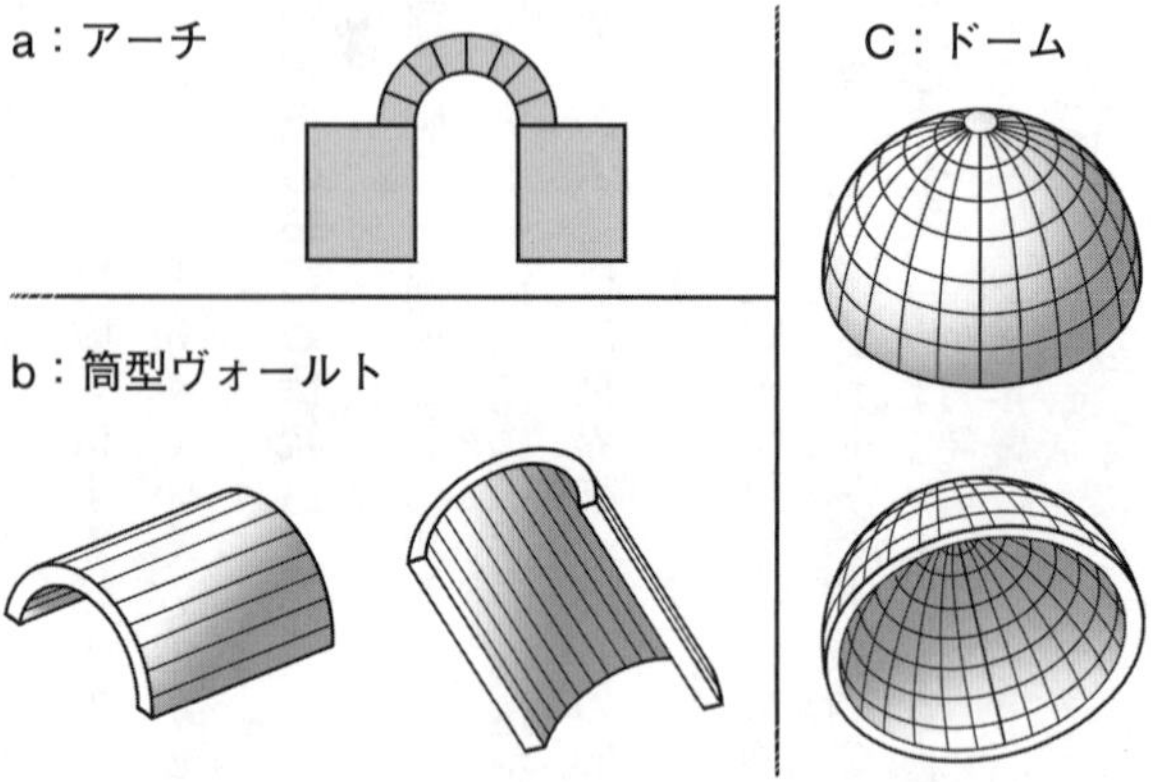

図7-16　さまざまな曲面構造

の二つの支点間を長く取ることや、曲率を上げて高く大きな下部空間を得ることができます。また、ヴォールトやドームの場合は、垂直方向の荷重はヴォールトやドームを支える壁に伝達されるので、ドーム球場のような巨大な空間を作ることが可能になります。

錦帯橋は構造的には〝ヴォールト橋〟ですが、ここでは一般的な〝アーチ橋〟と呼んでいます。

アーチ橋は、上に弓なりの構造体を用いて、上部からの荷重を圧縮応力だけで支える〝アーチ機構〟の橋であり、上述のように、橋桁を設けることなく、支点間を長く取れますので、大きな川の上に架かる錦帯橋が過去の流失の歴史から〝アーチ構造〟になったことは必然的な帰結だったでしょう。

しかし、アーチ構造では上部からの圧縮応力に耐えなければなりません。また、アーチ橋に荷重が作用すると、アーチ部材が外側に開こうとする水平方向の力も発生し、それらが集約される支点部には強大な圧縮応力がかかることになります。したがって、アーチ構造の建造物に使われるのは圧縮力に強い材料、一般的には石、レンガ、コンクリートのような石材に限られます。事実、アーチ構造の古代ローマの建造物はすべて石造です。

ところが、アーチ構造の錦帯橋は木造の建造物です。

事実として、錦帯橋は材料としての木材が持つさまざまな弱点を克服して存在しているわけですが、そこには木組み、適材適所などなど、日本の伝統的匠《たくみ》の技《わざ》がぎっしりと詰まっているのです。アーチ構造における木組みの詳細などについては割愛しますが、錦帯橋の細部にわたる話を海老崎棟梁から聴くたびに、ひたすら感激し、日本の伝統的技術、それを実践し、伝承している匠たちを心から尊敬します。

錦帯橋は、創建時から現在までの建造、修復記録が、藩の史料などにほぼ完全に遺り、歴代の大工棟梁の名前もすべてわかっています。

すでに何度も登場しました海老崎棟梁は「錦帯橋・橋大工棟梁」であり、江戸時代から続く橋大工棟梁一一代目です。木組みの技法を受け継ぐ、数少ない職人の一人でもあります。

私は幸いにも、書籍の執筆を通じ、いままでにさまざまな分野の一流の職人に直接、〝生〟の話を聴く機会に恵まれました。

以下に、海老崎棟梁の素晴らしい言葉を紹介し、本章を閉じたいと思います。

私たちものづくりの職人は、安易な妥協はしない、楽な方は選ばない、自分に甘えないと肝に銘じ、仕事に励むのだ。

迷った時「自分自身で創造する者は、似たような物を見たり、人に教わったりして、他人に頼らずに、自分で創ってみるのだ」という師の話を思い出し、一途にものづくりに打ち込むことが大切だと思っている。

若い職人たちに、仕事の厳しさ、楽しさ、建主に感謝される家づくりをやってもらいたい。

われわれは自然を相手に仕事をしている。

生半可な考え方ではとても立ち向かえない。

地に足をつけた考え方、自然に対する畏敬の念を持ちながら若い世代・職人たちに、一所懸命に本物の家づくりをやってもらいたい。

素直に技術を継いで欲しい。

すぐれた物が存在する地方は作る人を大切にする。

良い文化が遺るところは、人も物も大切にしている。


私が日本の伝統的建造物の美しさに魅かれるのは、まずはその形と構造、そしてそれらが木造であることなのでありますが、そのような建造物を作り上げるのが、海老崎棟梁の言葉に現われている、まさに「職人魂」なのです。

読者のみなさんも、このような「職人魂」を思い浮かべながら日本の伝統的建造物を眺めてみますと、間違いなく、新たな興味が湧いてくることでしょう。

あとがき

私はいま、大好きな日本の歴史的木造建築物、それらを作り上げ、現在まで遺してくれた職人たちについての本を書き上げて、とても清々しい気持ちです。

その時代の権力者を含み、彼らに〝仕事〟をさせた人たちも「経済性」や「効率」などを考えることなく、後世に遺せるほんとうによいものを職人たちに求めたのです。もちろん、建築以外の他の分野でも、また「文化財」などと呼ばれる大仰なものではなく、日用品の分野でも、ほんの少し前まで、職人たちはほんとうによいものを作ってくれていました。彼らは物の大小にかかわらず、彼らの誇りと責任感を持っていたのです。私は、そのような誇りと責任感が、日本のよき伝統だったとも思うのです。

私は本書を通じ、このような職人たちに心からの敬意を表したいと思います。

しかし、残念ながら、現代の日本社会では、何ごとも「経済性」「効率」を最優先するばかりでなく、ともすれば目先のことさえうまくつくろえば通用するような風潮があります。建築の強度偽装、自動車の燃費に関する虚偽申告、歴史ある大手企業の粉飾決算などは、そのような風潮の〝氷山の一角〟でしょう。彼らは仕事の発注者や消費者や株主を騙したただけでなく、日本のよき伝統をはなはだしく傷付けてもいるのです。

このような日本から「職人」と呼ばれる人たちが急速に消えつつあり、あたかも「絶滅危惧種」のようになってしまったのは、近代工業と日本人の「経済性」と「効率」を礼賛し、質よりも量を尊ぶ価値観と不可分でしょう。

日本人がしばしば口にする言葉に「温故知新（故《ふる》きを温《たず》ねて新《あたら》しきを知《し》る）」がありますが、いま私たち日本人が故きを温ねて知るべきことは「新」ではなく「心」であり「真」であるべきだと思います。

私は日本がいくら「経済成長」をしても、日本人の価値観が「物質的満足」よりも「精神的満足」を重視できるようにならなければ、心の活性化はできず、真に豊かな人生を送ることはできないと思うのです。

私は本書の上梓を多くの方々のご協力、教示に負っています。ここにすべての方々のお名前を記すことはできないのですが、以下の方々（氏名五〇音順、敬称略）に特別なる謝意を表したいと思います。

会津さざえ堂山主飯盛本店　飯盛正徳
島根県立古代出雲歴史博物館　伊藤大貴
海老崎組　海老崎粂次
興福寺　大森俊貴
元興寺文化財研究所　佐藤亜聖
白鷹鍛冶工房　白鷹幸伯
談山神社　長岡千尋
善通寺宝物館　松原潔
安楽寺　若林恭英

また、取材、資料の整理にご協力いただいた志望塾の柳澤万里枝さんにも感謝いたします。

最後に、本書の企画から出版に関わる実務に至るまでお世話になりましたＫＫベストセラーズの村林千鶴さんに御礼申し上げます。

主な参考文献（順不同）

『名宝日本の美術　第2巻　法隆寺』（小学館、一九八二）
『名宝日本の美術　第3巻　東大寺』（小学館、一九八〇）
『名宝日本の美術　第5巻　興福寺』（小学館、一九八一）
『名宝日本の美術　第6巻　薬師寺』（小学館、一九八三）
『名宝日本の美術　第8巻　東寺と高野山』（小学館、一九八一）
『島根県立古代出雲歴史博物館展示ガイド』（島根県立古代出雲歴史博物館、二〇〇七）
『重要文化財談山神社塔婆修理工事報告書』（奈良県教育委員会、一九六六）
『安楽寺』（長野県教育委員会、一九五八）
『総本山善通寺五重塔修理工事報告書』（伸和建設、一九九三）
『特別展　創建一二〇〇年空海誕生の地　善通寺　図録』（善通寺、二〇〇六）
千家尊統『出雲大社（第三版）』（学生社、二〇一二）
関裕二『出雲大社の暗号』（講談社、二〇一〇）

瀧音能之『出雲大社の謎』（朝日新聞出版、二〇一四）
奈良六大寺大観刊行会『興福寺一』（岩波書店、一九六九）
日下力『厳島神社と平家納経』（青春出版社、二〇一二）
志村史夫『古代日本の超技術〈改訂新版〉』（講談社、二〇一二）

志村史夫（しむら　ふみお）

1948年東京・駒込生まれ。名古屋工業大学大学院修士課程修了（無機材料工学）、名古屋大学工学博士（応用物理）。日本電気中央研究所、モンサント・セントルイス研究所、ノースカロライナ州立大学を経て、現在、静岡理工科大学教授、ノースカロライナ州立大学併任教授、応用物理学会フェロー、日本文藝家協会会員。日本とアメリカで長らく半導体結晶などの研究に従事したが、現在は古代文明、自然哲学、基礎物理学、生物機能などに興味を拡げている。

半導体、物理学関係の専門書、参考書のほかに、『古代日本の超技術』『古代世界の超技術』『生物の超技術』『いやでも物理が面白くなる』（講談社ブルーバックス）、『こわくない物理学』（新潮文庫）、『アインシュタイン丸かじり』（新潮新書）、『寅さんに学ぶ日本人の「生き方」』（扶桑社）、『漱石と寅彦』『木を食べる』（牧野出版）、『スマホ中毒症』（講談社＋α新書）など一般向け著書多数。

ベスト新書　531

「ハイテク」な歴《れき》史《し》建《けん》築《ちく》

二〇一六年九月二〇日　初版第一刷発行

著者◎志村史夫

発行者◎栗原武夫
発行所◎KKベストセラーズ
東京都豊島区南大塚二丁目二九番七号　〒170-8457
電話　03-5976-9121（代表）

装幀フォーマット◎坂川事務所
印刷所◎錦明印刷株式会社
製本所◎ナショナル製本協同組合
DTP◎三協美術株式会社

ISBN 978-4-584-12531-1 C0252